**그리스도의
제자로
살아가기**

Life in Christ

Copyright ⓒ 2013 by Jeremy Walker
Originally published in English under the title Life in *Christ: Becoming and Being a Disciple of the Lord Jesus Christ*
by Reformation Heritage Books, Grand Rapids, MI, USA.

This Korean edition is translated and used by permission of Reformation Heritage Books through rMaeng2, Seoul, Republic of Korea.

This Korean Edition ⓒ 2022 by Word of Life Press, Seoul, Republic of Korea.
All rights reserved.

이 한국어판의 저작권은 알맹2를 통하여 Reformation Heritage Books와 독점 계약한 생명의말씀사에 있습니다.
신저작권법에 의하여 한국 내에서 보호받는 저작물이므로 무단 전재와 무단 복제를 금합니다.

그리스도의
제자로
살아가기

ⓒ 생명의말씀사 2022

2022년 7월 25일 1판 1쇄 발행

펴낸이 | 김창영
펴낸곳 | 생명의말씀사

등록 | 1962. 1. 10. No.300-1962-1
주소 | 서울시 종로구 경희궁1길 6 (03176)
전화 | 02)738-6555(본사) · 02)3159-7979(영업)
팩스 | 02)739-3824(본사) · 080-022-8585(영업)

기획편집 | 유영란
디자인 | 조현진, 윤보람
인쇄 | 영진문원
제본 | 다온바인텍

ISBN 978-89-04-16760-9 (03230)

저작권자의 허락없이 이 책의 일부 또는 전체를
무단 복제, 전재, 발췌하면 저작권법에 의해 처벌을 받습니다.

Life in Christ

제레미 워커 지음 | 구지원 옮김

그리스도의
제자로
살아가기

생명의말씀사

추천의 글

"나의 좋은 친구 제레미 워커는 그의 새 책에서 그리스도의 제자가 되고 제자로 살아가는 것의 아름다움과 영광을 생생하고 가슴 벅차게 열어 보인다. 이 작품을 읽으며 나는 크게 감동을 받아 내가 받은 구원의 경이로움을 새롭게 깨달으며, 하나님이 내 인생에서 하신 모든 일을 눈물로 찬양하게 되었다. 하나님의 말씀이 다루는 그 어떤 주제도 이 책이 말하는 주제보다 더 중요한 것은 없다. 나는 이 책을 강력하게 추천한다."

_ 롭 벤투라(Rob Ventura), 그레이스 커뮤니티 침례교회 목사

"이 잘 정돈된 책에서 제레미 워커는 예수 그리스도의 제자가 되어 살아간다는 것이 무엇인지 단도직입적으로 제시한다. 그리스도를 따르는 것은 우리에게 부차적인 문제가 아니라 가장 중요한 관심사가 되어야 한다. 각 장은 읽기 쉽지만, 제자에 관한 필수적인 주제에 있어 적용하기 어려운 성경의 진리로 가득 차 있다. 교리적으로 건전하며 설득력 있고, 목회적인 이 책을 적극 추천한다."

_ 스티븐 로슨(Steven J. Lawson), 크라이스트 펠로십 침례교회 수석목사, 「타협 없는 복음」 저자

"오늘날 가장 무시되는 주제 중 하나는 아마도, 우리 그리스도인의 삶의 가장 본질적인 요소 중 하나인 그리스도와 우리의 연합일 것이다. 우리는 제레미 워커의 새 책 『그리스도의 제자로 살아가기』가 이 구멍을 훌륭하게 채우는 것을 보고는 감사하게 될 것이다. 제레미는 신학적인 정확성과 성경 본문에 대한 명확한 해석과 목회적 감수성을 가지고 이 책을 썼다. 이 책은 그리스도 안에서 더욱 성장하려는 사람들뿐만 아니라 우리가 그리스도를 왜 그토록 소중하게 여겨야 하는지 알아야 할 불신자들에게도 매우 유용한 자료가 될 것이다. 이 책을 읽고, 우리가 그리스도 안에 있는 죄인이라는 것과 그리고 그분이 하늘에 준비하신 상을 함께 받을 자라는 것이 어떤 의미인지 새롭게 놀랄 준비를 하라."

_ 브라이언 크로프트(Brian Croft), 오번데일 침례교회 수석목사,
Practical Shepherding 창립자

"영원에 관한 가장 중점적인 문제를 다룬 이 탁월한 책에서 제레미 워커는 J. C. 라일처럼 훌륭하고 매혹적인 문체로 독자들을 안내한다. 모든 사람이 읽고 진정한 복음에 대한 설명이 필요한 사람들, 특히 오늘날 많은 설교단에서 발견되는 '정치적 올바름'의 노예들에게 전해 주어야 할 책이다."

_ 에롤 헐스(Erroll Hulse), 「Reformation Today」 창간 편집자, 목사이자 강연자, 저자

차례

추천의 글 04
머리말 08

1장 그리스도를 바라보기 10
은혜로운 명령과 초청 | 영광스런 목적과 약속 | 더 깊은 묵상을 위한 질문

2장 그리스도와 연합되기 40
우리의 위치에 관한 설명 | 우리의 본성에 관한 설명 | 우리가 겪는 일에 대한 추가 설명 | 더 깊은 묵상을 위한 질문

3장 그리스도의 풍성함을 누리기 68
영광스런 풍성함에 관한 설명 | 영광스런 위격에 대한 설명: 참된 신성 / 참된 인성 / 참된 고통 / 참된 영광 | 영광스런 신비에 대한 선포 | 더 깊은 묵상을 위한 질문

4장 하나님의 자녀인 것을 알기 94
주목하라 | 어떠한 사랑인지 주목하라 | 하나님이 사랑으로 낳으셨다 | 더 깊은 묵상을 위한 질문

5장 구원의 확신을 얻기   118

너희로 하여금 알게 하려 함이라: 확신은 정의할 수 있다 / 확신은 바람직하다 / 확신은 가능하다 | 더 깊은 묵상을 위한 질문

6장 성도의 표지를 확인하기   138

비(非)결정적인 표지들: 뚜렷한 도덕성 / 머리의 지식 / 경건의 모양 / 탁월한 은사 / 죄를 깨달음 / 강한 확신 / 신앙고백 | 필수적인 표지들: 회개와 믿음 / 하나님께 헌신함 / 거룩에서 자라남 / 성도를 향한 사랑 | 스스로를 비춰보기 | 더 깊은 묵상을 위한 질문

7장 영적 전쟁에 참여하기   192

그리스도인을 향한 명령 | 두렵고 떨림으로 너희 구원을 이루라 | 바울이 주는 확신 | 더 깊은 묵상을 위한 질문

8장 영원한 미래를 바라보기   222

주변을 둘러보기 | 과거를 돌아보기 | 미래를 바라보기 | 더 깊은 묵상을 위한 질문

머리말

예수 그리스도의 제자가 되는 것은 세상이 제공하는 다른 어떤 것보다 뛰어난 특권과 축복의 자리에서 사는 것이다. 하나님의 자녀는 그 삶의 어디에서도 자신을 주 예수님으로부터 분리시켜 생각할 필요가 전혀 없다. 그리고 그럴 수도 없다.

이 책을 쓰는 나의 목표는 그리스도인이 하나님의 인자하심을 경험하고, 하나님의 자비하심과 크신 선하심을 느끼고, 그 인자와 자비와 선하심 안에서 그리스도와 관계를 맺고 거기에 반응하는 것이다. 당연히 내 작업은 완벽할 수 없다. 누구라서 헤아릴 수 없는 부요함을 온전히 찾아내고 형언할 수 없는 선물을 제대로 설명할 수 있을까? 그럼에도 나는 소망하건대 신자들, 특히 자신의 순렛길을 시작하는 신자들에게 일종의 뼈대를 제공하고 싶다. 그래서 그들이 그리스도 안에서 살아가는 삶의 궤도를 추적하고, 이해하고, 그 안에 발을 내딛고, 그로 인해 기뻐하게 해주고 싶다. 죄인을 향한 하나님의 은혜를 계속해서 경험하게 해주고 싶다.

나는 이 책이 시의적절한 책이기를 바란다. 앞서 말한 요소들 중 하나 혹은 여럿에 대해 헷갈리거나 오해하게 되면 그리스도인의 영적 건강이 심각한 해를 입을 수 있다. 그러면 잘못된 기대감을 주거나 잘못된 확신과 행동을 야기해서 궁극적으로 우리의 구원에 있어서 하나님의 명예를 훼손하고, 그리스도의 이름을 더럽히고, 성령님을 근심케 하고, 교회를 불안정하게 하고 약화시킬 수 있다. 그래서 복음의 진전을 방해할 수 있다.

건강하고 거룩하고 행복한 성도가 되려면, 하나님께서 우리를 향해 어떤 사역을 하시는지, 우리 위에 어떤 복을 베푸시는지, 또 우리는 그것들을 어떻게 경험하고 반응하는지 잠시 멈춰 깊이 생각해보는 편이 좋을 것이다. 구원은 세 가지 시제의 사역이다. 우리는 구원받았고, 구원받고 있으며, 구원받을 것이다. 구속(救贖)은 영혼을 기쁘게 하는, 여러 면을 가진 보석이다. 특히 계시의 빛에 비추어볼 때 그 얼굴은 우리 앞에서 반짝이며 빛을 발한다. 하나님의 백성 위에 부어진 언약의 자비의 풍성함과 영원함은 우리의 면밀한 집중과 즐거운 관찰과 신실한 찬송과 진심 어린 헌신을 요구한다.

이 책이 성도들을 일깨울 뿐 아니라 생기 있게 하기를, 성도의 경험을 이해하고 확인하는 영적 카테고리를 제공하기를, 그리스도 안에서 성도들의 마음을 하나님께로 향하게 하여 우리에게 베푸신 하나님의 자비에 대해 감사하고 사랑하게 하기를 기도한다.

모세가 광야에서 뱀을 든 것 같이 인자도 들려야 하리니
이는 그를 믿는 자마다 영생을 얻게 하려 하심이니라

요한복음 3장 14-15절

1장

그리스도를
바라보기

우리는 하나님을 믿는 자로 생을 시작하지 않는다. 타고난 혈통이나 유산이 하나님 나라에서 우리의 자리를 확보해주지 않는다. 사도 요한은 혈통이나 육정이나 사람의 뜻이 하나님의 자녀로서 우리의 지위를 보장할 수 없다고 말한다(요 1:13). 오직 하나님께로부터 남으로써 우리는 하나님의 자녀가 된다. 새로운 출생은 항상 주 예수 그리스도를 영접함, 그 이름을 믿음으로써 일어난다(요 1:12).

예레미야와 세례 요한이 어머니의 태중에서 구원이나 성화의 어떤 영향을 받았다 해도(렘 1:5, 눅 1:41), 우리가 "죄악 중에서 출생하였음이여 어머니가 죄 중에서 나를 잉태"했고(시 51:5), 우리의 마음이 "만물보다 거짓되고 심히 부패"하며(렘 17:9), "모든 사람이 죄를 범하였으매 하나님의 영광에 이르지 못하"므로(롬 3:23) "의인은 없나니 하나도 없"다(롬 3:10)는 일반 원칙을 결코 무력화하지 않는다.

그러므로 우리가 그리스도 안에서의 삶을 소유하고 누리려면 (단지 그것을 적당히 이해하는 것이 아니라 실제로 그것을 소유하려면) 우리는 반드시 여기에서 시작해야 한다. "진실로 진실로 네게 이르노니 사람이 거듭나지 아니하면 하나님의 나라를 볼 수 없느니라…… 내가 네게 거듭나야 하겠다 하는 말을 놀랍게 여기지 말라"(요 3:3, 7). 이것은 필수 불가결하다.

어느 누구도 위로부터 나지 않고서는, 성령님의 각성케 하시고 거듭나게 하시는 영향력을 받지 않고서는, 하나님 나라에 들어갈 수 없다.

그런데 그런 영향력에 대한 우리의 경험은 어떠한가? 거듭남은 어떤 느낌이며 무엇과 같고 어떻게 작동되는가?

복음이 선포될 때, 주 예수님을 믿고 자기 죄를 회개하라는 명령과 초청이 주어진다. 주 예수님과 그분의 제자인 요한은 우리에게 이미 이 연관성을 설명했다. 우리 주님께서 니고데모에게 그리고 우리 각 사람에게 "너는 반드시 거듭나야 한다"고 말씀하셨을 때, 이는 명령을 하셨다기보다 오히려 사실을 전달하신 것이다. 거듭남이란 우리가 겪는 경험이지 우리가 주도하거나 관리하는 것이 아니다.

우리 주님은 니고데모에게 "모세가 광야에서 뱀을 든 것 같이 인자도 들려야 하리니 이는 그를 믿는 자마다 영생을 얻게 하려 하심이니라"(요 3:14-15)라고 설명을 이어가신다.

가버나움에서도 무리에게 자신이 하늘로부터 온 하나님의 떡이라고 설명하신다. "아버지께서 내게 주시는 자는 다 내게로 올 것이요 내게 오는 자는 내가 결코 내쫓지 아니하리라 내가 하늘에서 내려온 것은 내 뜻을 행하려 함이 아니요 나를 보내신 이의 뜻을 행하려 함이니라 나를 보내신 이의 뜻은 내게 주신 자 중에 내가 하나도 잃어버리지 아니하고 마지막 날에 다시 살리는 이것이니라 내 아버지의 뜻은 아들을 보고 믿는 자마다 영생을 얻는 이것이니 마지막 날에 내가 이를 다시 살리리라"(요 6:37-40).

요한은 복음서를 쓰면서 "너희로 예수께서 하나님의 아들 그리스도이심을 믿게 하려"고 "또 너희로 믿고 그 이름을 힘입어 생명을 얻게 하려"(요 20:31)고 나사렛 예수님이 성취하신 표적들을 기록했다.

오순절에 베드로가 예루살렘 사람들이 십자가에 못 박은 이 예수님을 하나님께서 주와 그리스도가 되게 하셨다고 선포했을 때, 그들은 마음에 찔려 울부짖었다. "형제들아 우리가 어찌할꼬?" 베드로는 그들에게 "너희가 회개하여 각각 예수 그리스도의 이름으로 세례를 받고 죄 사함을 받으라 그리하면 성령의 선물을 받으리니"라고 강권했다(행 2:36-38). 베드로는 고넬료와 그 권속에게 예수님에 대하여 "모든 선지자도 증언하되 그를 믿는 사람들이 다 그의 이름을 힘입어 죄 사함을 받는다 하였느니라"(행 10:43)라고 증언했다.

바울이 비시디아 안디옥에서 설교할 때, 그는 예수님을 그리스도로 선언하고는 다음과 같이 초청하고 경고했다.

그러므로 형제들아 너희가 알 것은 이 사람을 힘입어 죄 사함을 너희에게 전하는 이것이며 또 모세의 율법으로 너희가 의롭다 하심을 얻지 못하던 모든 일에도 이 사람을 힘입어 믿는 자마다 의롭다 하심을 얻는 이

것이라 그런즉 너희는 선지자들을 통하여 말씀하신 것이 너희에게 미칠까 삼가라 일렀으되

보라 멸시하는 사람들아
너희는 놀라고 멸망하라
내가 너희 때를 당하여 한 일을 행할 것이니
사람이 너희에게 일러줄지라도
도무지 믿지 못할 일이라(행 13:38-41).

성읍의 이방인들은 이 소식을 듣고 "영생을 주시기로 작정된 자는 다 믿"었다(행 13:48). 바울이 아덴에 있을 때, 그는 동일한 하나님을 알리면서 "알지 못하던 시대에는 하나님이 간과하셨거니와 이제는 어디든지 사람에게 다 명하사 회개하라 하셨으니 이는 정하신 사람으로 하여금 천하를 공의로 심판할 날을 작정하시고 이에 그를 죽은 자 가운데서 다시 살리신 것으로 모든 사람에게 믿을 만한 증거를 주셨음이니라"(행 17:30-31)고 밝히 말한다. 그는 이에 대해 "먼저 다메섹과 예루살렘에 있는 사람과 유대 온 땅과 이방인에게까지 회개하고 하나님께로 돌아와서 회개에 합당한 일을 하라"(행 26:20)고 선포했다고 요약한다.

바울은 복음의 구원하는 효과와 복음에 대한 반응을 설명하면서 로마서 10장 9-15절에서 이렇게 말한다.

네가 만일 네 입으로 예수를 주로 시인하며 또 하나님께서 그를 죽은 자 가운데서 살리신 것을 네 마음에 믿으면 구원을 받으리라 사람이 마음으로 믿어 의에 이르고 입으로 시인하여 구원에 이르느니라 성경에 이르되 누구든지 그를 믿는 자는 부끄러움을 당하지 아니하리라 하니 유대인이나 헬라인이나 차별이 없음이라 한 분이신 주께서 모든 사람의 주가 되사 그를 부르는 모든 사람에게 부요하시도다 누구든지 주의 이름을 부르는 자는 구원을 받으리라
그런즉 그들이 믿지 아니하는 이를 어찌 부르리요 듣지도 못한 이를 어찌 믿으리요 전파하는 자가 없이 어찌 들으리요 보내심을 받지 아니하였으면 어찌 전파하리요 기록된 바 아름답도다 좋은 소식을 전하는 자들의 발이여 함과 같으니라.

나는 당신이 그 연결고리를 추적해낼 수 있기를 바란다. 하나님 나라에 들어가려면 우리는 하나님으로부터 나야 한다. 이는 필수 불가결하다. 하지만 이 새로운 출생은 항상 믿음과 회개로 귀결된다. 우리는 직접적으로 거듭나라는 명령을 받는 게 아니라, 평화의 복음을 전하는 자들에게서 자기 죄를 회개하고 하나님과 그리스도를 믿는 믿음으로 돌이켜서 영생을 얻으라는 강권을 받는다. 이러한 마음의 변화를 우리는 그렇게 경험한다.

우리가 해야 할 첫 번째 질문은 "나는 선택된 자인가?" 혹은 "나는 거듭날 것인가?"가 아니다. 복음의 명령과 초청을 들을 때 "나는 내 죄

를 회개하고 하나님의 아들 예수 그리스도를 믿고 있는가?"를 첫째로 물어야 한다. 이것이 우리가 구원을 알고 느끼는 경험이기 때문이다.

그런 점에서, 사도 바울이 로마서 10장에서 이사야서를 두 군데 인용한 것은 결코 우연이 아니다. 이사야는 철저하고도 명백하게 복음적인 선지자였다. 그는 하나님의 영광과 그 자신이 경험한 은혜에 사로잡혀 은혜의 사절로 다른 이들에게 보내심 받은 자였다. 그를 통하여, 여호와께서는 그분과의 평화를 구하는 모든 이에게 은혜로운 명령과 위로를 발하기를 기뻐하신다.

이사야서 45장에서도 여호와 하나님은 맨 처음과 중심이시며, 유일하고 살아계신 참 하나님, 만물을 창조하고 붙드시는 분, 하늘과 땅의 주권자, 우리 같은 죄인의 구원자로 계시된다. 여호와 하나님은 유일무이하시다. 그분과 견줄 자가 없고, 그분은 모든 우상 위에 계시며, 오직 그분만이 구원의 능력이 있으시다.

우상을 만드는 자는
부끄러움을 당하며 욕을 받아
다 함께 수욕 중에 들어갈 것이로되
이스라엘은 여호와께 구원을 받아
영원한 구원을 얻으리니
너희가 영원히 부끄러움을 당하거나
욕을 받지 아니하리로다(16-17절).

하나님과 같은 분은 없다. 그분은 우리를 존재케 하시고, 우리가 복을 구할 분이다. 18절에서 다시 하나님은 만물의 창조주로서 말씀하시며, 그분의 신으로서의 완전한 유일성과 자비로운 의를 선포하신다.

나는 여호와라 나 외에 다른 이가 없느니라
나는 감추어진 곳과 캄캄한 땅에서 말하지 아니하였으며
야곱 자손에게 너희가 나를 혼돈 중에서 찾으라고
이르지 아니하였노라
나 여호와는 의를 말하고
정직한 것을 알리느니라(18-19절).

이어서 그분의 구원자로서의 유일성이 전면에 등장한다. "나 외에 다른 신이 없나니 나는 공의를 행하며 구원을 베푸는 하나님이라 나 외에 다른 이가 없느니라"(사 45:21). 우리가 성경을 안다면, 우리는 이 구절에서 말씀하시는 성자 하나님의 음성을 들을 것이 틀림없다. 조지프 알렉산더(Joseph A. Alexander)는 여기서 말씀하시는 분은 성육신 이전의 그리스도일 것이라고 추정하면서, 이런 추정이 성부의 구원이 오직 성자를 통해서임을 분명히 아는 특권을 지닌 요즘 독자에게는 자연스럽지만, 고대 독자에게는 그렇지 않았다고 말한다.[1]

---

1) Joseph A. Alexander, *Isaiah* (Grand Rapids: Kregel, 1992), 2:188.

이분은 영원한 말씀이며, 이분에 의해 하늘이 지음이 되었고, 이분이 "그 만상을 그의 입 기운으로 이루"셨다(시 33:6). "만물이 그로 말미암아 지은 바 되었으니 지은 것이 하나도 그가 없이는 된 것이 없느니라 그 안에 생명이 있었으니 이 생명은 사람들의 빛이라"(요 1:3-4). "태초에 주께서 땅의 기초를 두셨으며 하늘도 주의 손으로 지으신 바라"(히 1:10). 이사야는 그리스도의 영광을 보고 그분을 가리켜 그분 안에 있는 신성이 구원을 위해 명백히 알려졌다고 말했다(요 12:41).

뿐만 아니라 이분은 풍부한 언어로 말씀하시며, 성경과 역사 속에서 수없이 선포된 복음 설교를 통해 울려 메아리치는 말씀으로 사람들을 부르신다. "세상 모든 사람들아, 나를 바라보아라. 그러면 구원을 얻을 것이다. 나는 하나님이며 나 외에는 다른 신이 없다"(사 45:22, 현대인의성경). 이것을 죄인들에게 하나님의 복음의 선하심을 선포하는 모본으로 받아들이자. 이를 그토록 은혜로운 간청을 듣고 반응함으로써 그리스도를 믿고 그분의 나라에 들어가 하나님의 자녀됨을 경험하라는 그리스도의 초청으로 간주하자.

은혜로운 명령과 초청

우선, 그리스도께서는 "바라보라"고 명령하신다. 우리는 이 말을 초청이자 은혜로운 간청으로 받아들이되, 이 말의 긴급성을 간과해선 안 된다. 이 말은 하나님의 명령으로서 강제성을 지닌다. 이 말은 놀랍도록 간단하지만, 명료하고 날카롭다. 복음은 결단을 요구한다. 어정쩡한 중립을 남기지 않는다. 바울이 데살로니가의 그리스도인들에게 그들이 겪은 박해에 관해 쓸 때, 바울은 그들의 흉포한 반대자들을 "우리 주 예수의 복음에 복종하지 않는 자들"(살후 1:8)이라고 묘사한다. 마찬가지로, 사도 요한은 성부 하나님의 명령을 "그 아들 예수 그리스도의 이름을 믿고 그가 우리에게 주신 계명대로 서로 사랑할 것이니라"(요일 3:23)라고 기록한다.

우리는 똑바로 알아야 한다. 복음은 언제나 초청의 아름다움과 명령의 무거움을 동시에 수반한다. 누군가가 복음을 들을 때, 그는 그 초청을 받아들이거나 거절하거나 둘 중 하나다. 그 명령에 순종하거나 불순종하거나 둘 중 하나다. 이런 훈계와 격려는 결코 우리를 중간지대에 남겨놓지 않는다. 오히려 그리스도께로 가까이 이끌거나 아니면 그리스도로부터 멀어지거나 반감을 갖게 만든다.

각성된 죄인이 그런 말을 들을 때, 성령님의 영향력 아래에서 그는 적어도 그 장엄함과 강제력과 신성한 권위를 느끼고 온 마음으로 그것이 요구하는 바를 이해한다. 여기서 우리는 "바라보라"라는, 독특한 시력을 가지라는 명령받는다. 살아계신 주님은 우리에게 무언가**로부터** 시선을 옮겨 무언가**를** 바라보라고 요구하신다. 그것들이 뒤쫓는, 집중을 방해하는 것들과 일탈로부터 우리의 생각과 염려와 바람과 욕망을 거두고, 다른 무언가에 우리의 온 정신을 집중하라는 외침이다. 우리가 추구해오던 것이 무엇이었건, 우리는 그것을 뒤로한 채 무언가를 전적으로 추구해야 한다. 이것이 명령이라는 사실은 곧 우습게 볼 일이 아니라는 뜻이다. 명령의 본질을 생각할 때 이 말씀은 온갖 것들에 흩어져 있던 우리의 온 신경을 어떤 특정한 주파수로 돌려서 무언가를 전심으로 추구할 것을 요구한다.

이는 우리의 신체 능력에 의존해 원시냐 근시냐 아니면 맹인이냐로 자격 여부를 따지는 명령이 아니다. 예를 들어, 마가복음에 주목할 만한 예가 있는데, 맹인 바디매오는 정상 시력을 가진 무리보다 훨씬 더 명확하게 훨씬 더 집중해서 바라보았다. 그는 나사렛 예수님의 관심을 얻기까지 쉬지 않고 외쳤다. "다윗의 자손 예수여 나를 불쌍히 여기소서"(막 10:46-52).

"바라보라"는 이 명령은 구원한다. 하나님의 아들이시요 죄인들의 구주이신 예수 그리스도를 의지하고, 바라고, 열망하고, 신뢰하고, 붙잡고, 고집하고, 소망하는 자들을 구원한다. 이는 "의롭고 경건하여 이스라엘의 위로를 기다리는 자"였던 시므온에게 알맞은 말이다. 시므온은 주의 그리스도를 기다리고 있었다. 그는 이것에 온 신경을 집중해 왔기에, 그가 어린 그리스도를 보았을 때 이제는 그가 바라던 바를 보았다고 선포했다(눅 2:25-32).

> 내 눈이 주의 구원을 보았사오니
> 이는 만민 앞에 예비하신 것이요 이방을 비추는 빛이요
> 주의 백성 이스라엘의 영광이니이다(32절).

나이가 매우 많은 안나는 "마침 이 때에 나아와서 하나님께 감사하고 예루살렘의 속량을 **바라는** 모든 사람에게 그에 대하여 말"했다(눅 2:38, 강조는 저자 추가). 이 신실한 사람들이 무언가를 보리라는 희미한 소망을 붙잡은 것이 아니었다. 그들은 간절히 바라고 기다리던 그 한 사람을 보았다. 바로 주의 그리스도였다. 그들은 이 명령에 순종하고 있었다.

이 명령은 얼마나 달콤하고 단순한지, 얼마나 우리를 겸손케 하는지, 얼마나 우리 자아에 대해 높아진 생각을 낮추어주는지, 얼마나 우리 자신, 우리의 능력과 가치에 대한 인식에서 시선을 옮겨주는지! 그리스도를 바라보라는 이 명령은 우리를 '나병에서 회복되어 깨끗해지고 싶다면 요단강에 가서 일곱 번 씻으라'는 말을 들은 나아만처럼 되게 할 때가 정말 많다.

> 나아만이 노하여 물러가며 이르되 내 생각에는 그가 내게로 나와 서서 그의 하나님 여호와의 이름을 부르고 그의 손을 그 부위 위에 흔들어 나병을 고칠까 하였도다 다메섹 강 아바나와 바르발은 이스라엘 모든 강물보다 낫지 아니하냐 내가 거기서 몸을 씻으면 깨끗하게 되지 아니하랴 하고 몸을 돌려 분노하여 떠나니(왕하 5:11-12).

나아만은 자신을 매우 중요하게 생각했고 자신의 재략도 매우 가치 있게 여기고 있었다. 그는 그의 종들에 의해 낮아져야 했다. 종들은 회복되기 위해 큰일을 행하라고 했다면 행했을 것이면서 "씻어 깨끗하게 하라"(왕하 5:13)라는 이 단순한 일을 하지 않을 것이냐고 물었다.

마찬가지로, 이런 명령은 우리의 모습을 드러낸다. 우리를 자기 자신으로부터, 자력 구제로부터 돌아서게 해서 다른 사람에게로 보낸다. 그것은 본질적으로 믿음에의 요청이다. 구원하는 믿음은 우리를 자신에게서 벗어나게 한다. 하지만 주님께서 우리의 바라봄의 대상이 되지 않으신다면 그것은 절망스런 조언이 될 것이다. "나를 바라보아라."

믿음은 홀로 작동하지 않는다. 믿음은 언제나 대상이 있다. 주님은 그런 중요한 문제에 있어서 우리가 어디로 갈지 누구에게로 갈지 방황하게 내버려두지 않으신다. 내버려둔다는 것은 우리를 과거에 그랬던 것처럼 잃어버린 채로, 방황하는 채로, 혼란스러워하는 채로 둔다는 의미다. 그리스도께서 말씀하신다. "나를 바라보아라. 다른 모든 것, 다른 모든 사람으로부터 돌이켜라. 너의 구원이라는 이 문제에서는 항상 오직 나만 바라보아라."

다른 어떤 피조물도 바라보지 말라. 사람도 천사도 아니다. 거기에 당신을 하나님께로 1센티미터라도 더 가까이 움직여줄 무슨 장점이 있는 것처럼 그러지 말라. 우상을 바라보지 말라. 인간의 환상이 만들어낸 헛된 상상이나 인간의 재주가 만들어낸 무의미한 창작물을 바라보지 말라. 그런 것들이 신뢰할 만한 가치가 있다는 듯 여겨지고 받아들여질 때가 얼마나 많은지. 당신의 수고도 바라보지 말라. 당신의 눈물과 회개도 바라보지 말라. 당신의 마음과 감정도 바라보지 말라. 잘 발휘되고 있는 당신의 장점과 은사도 바라보지 말라. 당신이 지키는 종교적인 의식도 바라보지 말라. 거룩한 연회와 축제도 바라보지 말라. 이스라엘의 거룩한 분께 용납되기 위해 당신의 의, 당신의 노력을 바라보지 말라. 그것은 당신에게 자격을 부여해주지 않는다. 어떤 의미에서 죄만이 우리에게 필요한 유일한 자격조건인데, 그것은 우리가 끔찍이도 충분히 갖고 있는 것이다.

그 명령은 죄인인 우리에게 온다. 그리고 우리에게 이 모든 일들에서 우리를 돌이켜 하나님의 그리스도, 하나님의 아들, 세상 죄를 지고 가는 하나님의 어린양, 하나님과 인간 사이의 유일한 중재자이신 인간 예수 그리스도, 죄인들의 유일한 구원자, 잃어버린 자의 단 하나의 구속자를 바라보라고 말한다.

우리는 갈보리에서 그분을 바라본다. 거기에는 고통당하는, 피 흘리며 죽어가는 어린양이 매달려 있다. 그분을 바라보라. 가시관이 그분의 고귀한 눈썹을 찌른다. 그분을 바라보라. 로마 못에 잔인하게 찔린 그분의 손과 발에서 피가 흐른다. 그분을 바라보라. 포악한 채찍에 찢겨진 등과 상처 난 살갗에서 피가 떨어진다. 그분을 바라보라. 거룩하신 아버지의 죄에 대한 공의로운 진노의 무게 아래 고뇌하며 그분이 머리를 떨구신다. 그분을 바라보라. 칠흑 같은 어둠을 뚫고 그분이 외치신다. "나의 하나님 나의 하나님 어찌하여 나를 버리셨나이까?" 그분을 바라보라. 그분이 큰 소리로 외치신다. "다 이루었다!" 그분을 바라보라. 그분이 자기의 영을 내주신다.

이것은 외침이다. 믿음이 전심으로 반응하는 외침이며, 그리스도를 바라봄으로써 다음과 같이 말할 수 있는 외침이다.

저기 온순한 자를 보라. 숨을 거두는 어린양이시다!
다 이루었다! 그가 나를 위해 숨을 거두신다.[2]

위대한 신학자 존 오웬(John Owen)은 믿음의 본질에 관한 귀중한 글에서 이 점을 다룬다. 이 강력한 초청의 본질과 그에 대한 올바른 반응에 관해 끈질기게 파고든다.[3] 오웬에 의하면, 죄인들이 의롭다함을 받는 믿음은 신약성경에서 가장 빈번하게 '영접하다(받다)'로 표현된다. 우리가 영접하는 대상은 그리스도시다. "영접하는 자 곧 그 이름을 믿는 자들에게는 하나님의 자녀가 되는 권세를 주셨으니"(요 1:12). 그러므로 믿지 않는 것은 그리스도를 영접하지 않는 것이다(요 1:11; 3:11; 12:48; 14:17). 믿음은 그리스도를 하나님에 의해 "여호와 우리의 공의"(렘 23:6; 33:16)가 된 분으로 영접한다. 구원을 위해 그리스도를 바라보고 영접할 때 은혜도 의무도 믿음과 협력하지 않는다. 오직 믿음만이 주 예수님을 붙잡는다. 다른 어떤 것도 관여하지 않는다. 게다가 그리스도를 우리의 구원의 의로 영접하는 이 믿음은 우리의 칭의에 있어 다른 의

---

[2] Charles Wesley, "Tis Finished! The Messiah Dies."
[3] 이어지는 내용은 John Owen, *The Doctrine of Justification by Faith* in *The Works of John Owen* (Edinburgh: Banner of Truth, 1965), 5:291–94를 재구성한 것이다.

를 모두 제외시킨 채 오직 그분의 의만을 받는다. 우리는 "믿음으로 칭의를 얻는다." 오직 믿음으로 그리스도를 영접한다. 믿음으로 영접된 그리스도께서 우리의 칭의의 명분이자 기초이시다. 우리가 하나님의 자녀가 되는 방법은 오직 이 방법뿐이다.

그 결과 우리는 믿음을 통해, 하나님께서 그 피로 화목제물 세우신(롬 3:25) 그리스도의 피로 화목하게 된다(롬 5:11). 화목하게 하는 속죄를 받음에 있어서, 믿고 회개하는 죄인은 자발적으로 철저하게 그리스도의 피 묻은 죽음을 유일한 구원의 길로 인정하고 동의한다. 그리고 그 희생을 자기 것으로 만든다. 그렇게 함으로써 우리는 죄 용서를 받는다. "죄 사함과 나를 믿어 거룩하게 된 무리 가운데서 기업을 얻게 하리라"(행 26:18). 그리스도를 영접함으로써 우리는 속죄를 받고, 속죄를 받음으로써 우리는 죄 용서를 받는다.

"은혜와 의의 선물"(롬 5:17)(우리의 칭의의 유효하고 실질적인 명분으로 간주되는 의)도 이런 식으로 받는다. 이렇게 작동하는 믿음은, 그에 뒤따르는 모든 것을 받는다. 그리고 우리가 하나님이 보시기에 의롭다는 선포를 일으킨다.

오웬은 믿음은 다른 것을 받는 것에 참여할 뿐 그 자체로는 아무 공로가 없다는 사실을 강조하면서 다른 단어를 찾기 시작하는데, 이사야서 45장 22절로 돌아가 믿음이 '바라봄'으로 표현되어 있다고 설명한다. "나를 바라보아라. 그러면 구원을 얻을 것이다."(오웬은 사 17:7, 슥 12:10, 시 123:2도 언급한다.) 오웬에 의하면, 우리는 이 바라봄의 본질을 요한복음 3장에서 찾는다. "모세가 광야에서 뱀을 든 것 같이 인자도 들려야 하리니 이는 그를 믿는 자마다 영생을 얻게 하려 하심이니라"(14-15절). 이 구절은 그리스도께서 십자가에서 죽으시기 위해 들리는 것을 가리킨다(요 8:28; 12:32). 오웬은 사나운 피조물의 공격에 의한 죽음은 분명 죄의 책임 및 그에 따른 합법적인 처벌을 상징한다(고전 10:11)고 보았다. 오웬은 둘 사이의 유사점을 탐구한다. 누군가가 뱀에 물렸는데 하나님께서 제공하지 않은 치료책을 찾을 때 그 사람은 멸망했다. 들려진 놋뱀을 바라보는 사람만이 치료를 받고 살았다. 이것이 하나님께서 예정하신 방법, 사람들이 치유받을 수 있는 하나의 정해진 방법이었다. 그리고 여기서 우리는 죄를 용서받고 영생을 얻는 길을 그려보게 되었다.

이렇게 우리는 바라봄이라는 방법으로 믿음의 본질을 그려보았다. 우리 구주께서는 "인자도 들려야 하리니 이는 그를 믿는 자마다 영생을 얻게 하려 하심이니라"(요 3:14-15)라고 밝히신다. 이스라엘 백성들이 광야에서 놋뱀을 바라보았던 것처럼 그분을 바라보는 자는 누구나 "멸망하지 않고 영생을 얻"을 것이다(16절).

그러므로 이 성경적이고 역사적인 예시를 통해 믿음, 칭의, 구원이 분명해진다. 만약 칭의를 얻게 하는 믿음이 (그 이론과 실제에 있어서) 죄를 범하고 잃어버린 바 된 죄인이 자기에게 필요한 모든 것(건져짐, 의, 생명)을 얻기 위해 오직 그리스도만을 바라보게 한다면, 그렇다면 다른 그 무엇도 우리가 칭의를 얻는 데 관여하지 않는다는 사실이 분명해진다.

그리고 이것이 바로 죄인이 회심할 때 일어나는 일이다. 믿음은 영혼의 행위로서, 절망하고 무력하고 길을 잃은 자들이 여기서 기대감과 확신을 가지고 그리스도 안에서 자신에게 필요한 도우심과 건져짐을 구할 수 있다.

오웬은 이제 믿음이라는 은혜를 탐구하기 시작한다. 이리저리 돌려 보면서 성경에 묘사된 것처럼 빛을 비추기도 한다. 그래서 우리는 믿음이 '그리스도께 나아옴'으로 불리기도 한다는 것을 발견한다. "수고하고 무거운 짐 진 자들아 다 내게로 오라 내가 너희를 쉬게 하리라"(마 11:28; 요 6:35, 37, 45, 65; 7:37 참조). 생명과 구원을 얻고자 그리스도께 나아오는 것은, 생명의 칭의를 바라며 그리스도를 믿는 것이다. (다른 은혜나 의무가 아닌 오직 믿음으로 그리스도께 이렇게 나아온다. 그러므로 믿음을 제외한 다른 모든 것은 칭의의 문제에서 배제된다.)

유죄를 확신하며 무거운 짐을 진 누군가에게 물어보라. 그는 임박한 진노로부터 도망하기로 결심했고, 복음 안에서 도우심과 건져짐을 받기 위해 그분께로 오라는 그리스도의 음성을 들었다. 그 사람은 성령님의 조명에 의해 이렇게 답할 것이다. "자기 자신으로부터 벗어나서 돌아서는 것, 자신의 모든 의무와 의를 온전히 내려놓는 것, 자신의 모든 신뢰와 확신을 그리스도께만 두는 것, 그리고 죄의 사면을 받고 하나님께 용납되고 하늘의 기업을 받기 위해 그분의 의만을 의지하는 것만이 그리스도께 나아오는 것과 관련된다."

때때로 믿음은 피난처를 향해 '도망하다'라는 단어로 표현된다. 그리스도인들은 "앞에 있는 소망을 얻으려고 피난처를 찾"아 도망했다(히 6:18; 잠 18:10 참조). 그러므로 믿음은 죄와 고통으로부터 건짐 받기 위해 영혼이 그리스도께로 도망하는 것이라 정의될 수 있다. 다시 말해서 믿음은, 누군가가 이미 자신의 잃어버린 바 된 상태를 확신하고, 이대로는 임박한 저주만이 있을 뿐이라고 가정한다. 그런 사람은 자신이 스스로를 이런 파멸로부터 건져낼 수 없으며 건짐 받기 위해서는 다른 곳을 바라봐야 한다는 것을 확신한다. 그러므로 그는 그리스도를 복음의 약속 안에서 자신 앞에 주어진 피난처로 여긴다. 사망으로부터 건짐 받고 하나님에 의해 용납되기 위해서는 이것이 유일하게 거룩하고 안전한 길(모든 면에서 신적인 탁월함이 드러나는 길)이라는 사실을 받아들인 죄인은, 지금의 상태로 멸망하지 않기 위해 피난처를 찾아 그리스도께로 즉시 신실하게 도망한다. 그는 하나님의 공급하심만을 전적으로 신뢰한다.

우리는 구약의 다른 곳에서 믿음이 '여호와를 의뢰함'(미 3:11), '그리스도를 의지함'(아 8:5), '자기 자신과 짐을 여호와께 의탁함 혹은 맡김'(시 22:8; 37:5), '여호와를 의지함'(대하 14:11; 시 37:7), '여호와께 붙어 떠나지 않음 혹은 주와 함께 머물러 있음'(신 4:4; 행 11:23), 그리고 수많은 곳에서 '신뢰함', '소망함', '기다림'으로 표현되는 것을 발견한다.[4]

---

[4] 18세기 네덜란드 종교개혁 신학자인 알렉산더 콤리(Alexander Comrie)는 *The ABC of Faith* (Grand Rapids: Netherlands Reformed Book and Publishing, 2011)라는 책을 집필했는데, 믿음이란 그리스도께 나아오는 것임을 보여주고자 성경이 사용하는 유의어 스물여덟 개를 자세히 설명했다.

영접하다, 바라보다, 나아오다, 도망하다, 의뢰하다, 의탁하다, 의지하다, 붙좇다. 신뢰하다, 소망하다, 기다리다 등 자신에게서 돌이켜 다른 사람을 의지한다는 뜻의 성경 단어는 많다. 그래서 오웬은 이렇게 결론짓는다.

> 앞서 표현한 대로 믿음으로 행하는 자들은 스스로를 잃어버린 바 되어 소망 없고 무력하고 절망적이고 가난한 고아로 선언한다. 그 점에서 그들은 모든 소망과 기대를 하나님께만 둔다.
> 이런 점들로부터 추론해보건대, 생명의 칭의에 이르는 믿음, 즉 칭의를 얻기 위해 우리에게 요구되는 믿음은, 확신에 찬 죄인들이 자비, 사면, 생명, 의, 구원을 얻기 위해 그 마음으로부터 온전한 진리를 간구하며 자신을 완전히 떠나 그리스도 안에서 하나님을 의지하는 전인격적인 행위다.[5]

이것이 바로 주님께서 우리에게 "바라보아라!"라고 외치실 때 우리가 해야 할 일이다. 우리는 자신에 대해 절망할 때, 죄인들을 대신해서 고난당하고 죽으신 그리스도를 믿음으로 점점 더 의지하고 흠모하며 그분만을 바라본다. 그럼으로써 우리는 구원을 받는다.

---

[5] Owen, *Justification by Faith*, 5:294.

영광스런 목적과 약속

이것이 바로 의도된 영광스런 목적이고 지속된 영광스런 약속이다. 왜 우리는 예수 그리스도를 바라보라는 지시를 받는가? 어떤 목적으로 우리는 그런 명령을 받는가? 그것은 우리가 구원을 받기 위해서다. 영광의 주님께서 말씀하신다. "나를 바라보아라. 그러면 구원을 얻을 것이다."

그 확실성에 주목하라. 그저 바라보기만 하면, 그리스도 안에 안식하기만 하면, 믿음을 가지고 그분께로 돌이키기만 하면, 그러면 당신은 구원을 얻을 것이다. 과연 그럴까를 의심하는가? "나를 바라보아라. 그러면 구원을 얻을 것이다. 나는 하나님이며 나 외에는 다른 신이 없다." 이 말은 말씀하신 바를 이루시는 구속자의 고유의 능력에 대한 선포일 뿐만 아니라, 약속에 의거하여 행동하시는 그분의 신적인 의무에 대한 진술이기도 하다. 생각해보라. 만약 주님께서 회개하고 믿는 죄인을 외면하신다면, 그분은 자신을 실패자로 만드시는 거다! 자비와 진리의 하나님이시기를 멈추시는 거다. 그분은 자기에게 나아오는 자를 결코 부인하지 않으신다. 회개하고 돌이키고 믿는 죄인은 결코 내쫓기지 않는다(요 6:37).

뿐만 아니라, 그 즉각성에 주목하라. 말하는 시간보다도 적게 걸린다! 그 효과는 즉각적이다. 죄인은 그리스도께 나아오기까지 스스로 느끼는 무가치함과 오래도록 씨름했을지 모른다. 그리스도께서 그를 구원해 주실지를 놓고 오래도록 의심했을지 모른다. 하지만 그는 저항할 수 없는 이끌림과 효과적인 부르심을 받았다. 그래서 그는 왔고, 보았고, 그 순간에 구원받았다. 이것이 얼마나 놀라운 은혜인지! 한때 우리는 형편없는 죄인이었다. 허물과 죄로 죽은 자였다. 온통 더러웠다. 그러나 성령님께서 우리 안에서 일하시자 우리의 눈이 열려서 예수 그리스도의 얼굴에서 빛나는 하나님의 영광을 본다.

그 참된 봄의 순간에 우리는 진정으로 구원받는다. 우리는 흑암의 권세에서 벗어나 그 순간에 하나님의 아들의 사랑의 나라로 옮겨진다. 그때가 바로 우리가 구원을 경험하는 순간이다. 우리가 그것을 얼마나 분명하게 자각하건 간에, 그리고 그 자각이 빛의 문 앞에서의 티핑포인트(tipping point)와 같건 아니면 일순간의 번개침(빌립보 감옥의 간수에게서처럼)과 같건 간에 말이다.

뿐만 아니라, 그 충만함과 완전함을 숙고하라. 이것은 불완전한 집이 아니다. 유예 기간은 없다. 만약 우리가 바라보았다면, 우리는 구원을 받는다. 우리의 생명은 그리스도와 함께 하나님 안에 감추어진다. 약간만 구원받는다는 건 있을 수 없다. 그 정도와 범위에 있어서 완전한 구원이다.

나는 우리가 구원받는다는 것의 의미를 충만히 경험할 수 없다고 말하려는 것이 아니다. 나는 단호하게도, 우리가 예수님을 바라본 순간에 구원받게 되는 것보다 더 많이 구원받을 수는 없다고, 구원을 받다가 구원받는 것이 중단될 수는 없다고 말하는 것이다. 이사야서 45장

17절을 기억하라. 하나님은 구원하실 때 영원한 구원으로 구원하신다. 거기에는 조금의 부끄러움이나 불명예가 영원히 없다.

다시 말하지만, 이는 주권자시요 구원자이신 하나님의 명령이다. "이 일을 옛부터 듣게 한 자가 누구냐 이전부터 그것을 알게 한 자가 누구냐 나 여호와가 아니냐"(사 45:21). 한때 그 죄인은 영원한 지옥의 갈림길에 아슬아슬하게 서 있었지만, 이제 그는 은혜로 와락 붙잡혀서 말할 수 없는 기쁨, 가득한 영광, 감사의 찬송 그리고 이 타락하고 적대적인 세상의 시련이 결코 앗아갈 수 없는 크고 작은 자비가 있는 삶으로 인도되었다. 이생에서 영광을 맛보고 내생에서 하나님과 함께하는 영원한 천국으로 인도되었다.

다른 구원은 없다. 더 나은 건 분명히 없다. 다른 신은 없기 때문이다. 모든 죄인은, 만약 구원을 받아야 한다면, 이 하나님에 의해 이 방법으로 구원을 받아야 한다. 세상에서 가장 부유한 부자이건 가장 가난한 거지이건 하나같이 자기 죄에서 돌이켜 이 예수님을 믿음으로써 구원받아야 한다. 가장 똑똑한 철학자나 학자이건 가장 둔한 학습자이건 여기서는 동등하다. 가장 위대한 재사(才士)나 예술가이건 한 글자도 읽고 쓸 수 없는 어린아이이건 동급이다. 가장 존경할 만하고 겉보기에 올곧은 인물이건 가장 비열하고 악랄하고 타락한 낙오자이건 누구나 자기 죄에서 구원을 얻기 위해서는 예수님을 바라보아야 한다.

진실로 이것들은 자아에 대한 모든 높은 생각들을 무너뜨린다.

인간의 교만에 관한 모든 생각을 소멸시키라.
오직 하나님만이 크게 보이게 하라.[6]

당신이 그리스도를 바라보지 않는다면, 당신은 구원받을 수 없다. 당신이 그리스도를 바라보지 않았다면, 당신은 지금 구원받지 못한 상태다. 하지만 당신이 그리스도를 바라본다면, 당신은 반드시 구원받는다. 당신이 그리스도를 바라보았다면, 당신은 지금 구원받은 상태다.

하지만 이 제안을 의심하는 사람들이 많기 때문에, 여기서 알아야 할 것이 있다. 어떤 사람들은 자신이 만약 이 장엄한 초청 혹은 이 은혜로운 명령에 포함되지 않았으면 어쩌지 하는 두려움으로 스스로를 고문한다. 이것은 거의 믿기지 않는 선언이지만, 그럼에도 불구하고 우리가 아직 닿지 못한 풍요로움이 있다.

그것은 "땅의 모든 끝"(사 45:22)에까지 미치는 약속 안에 있다. 여기서 이사야 시대의 많은 유대인들(입술로는 하나님께 가까웠으나 마음으로는 그렇지 못했던 자들)은 말문이 막혀서 불쾌해했을 것이다. "우리는 반드시 구원받을 거야. 쓰레기 같은 이방인들은 말고!" 그리스도의 시대에 바리새인들은 어쩌면 자기네를 뺀 모든 이들을 지옥에 보내버렸을 것이다. 그리스도의 죽음과 부활 그리고 (열방을 제자 삼기 위해 제자들을 보낸) 대위임령 이후임에도 불구하고, 우리는 베드로가 그 초청의 광범위함 앞에 멈칫

---

[6] Philip Doddridge, "God of Salvation, We Adore."

하는 것을 발견한다. 우리라고 이와 관련해서 베드로보다 덜 실수하겠는가?

우리는 평소에 이런저런 식으로 다음과 같이 말하지 않는가? "그리스도를 바라보면 구원을 얻습니다.…… 예의 바른 여러분, 어느 정도의 교육과 사회적 수준을 갖춘 여러분, 서로 닮은 여러분은 우리 교회에 딱 맞는 사람들입니다. 특정 인종과 피부색을 가진 여러분, 특정 배경을 가진 여러분, 특정 지위와 평판을 가진 여러분, 특정 외모를 가진 여러분, 특정 수준의 존경할 만함을 획득한 여러분 말이죠."

만약 우리가 그렇게 말하거나, 시사하거나, 암시한다면, 우리는 **"땅의 모든 끝이여**, 나를 바라보아라. 그리하면 구원을 얻으리라"라고 말씀하시는 구원의 하나님을 잘못 인용하는 것이다. 신성모독이다. 하나님은 이 초청을 발하심에 있어서 아무런 거리낌이 없으시다. "온 세상에 가서 모든 피조물에게 복음을 전하라"는 데에는 단 한 사람도 제외시키지 않는, 지리적이고 영적인 보편성이 있다. 그리스도께서는 그 자신을 주고 사람들을 사셨다. 자기 자신의 보혈로 그들을 사셨다. 지금 그들은 모든 문화와 사회로, 모든 영역과 수준으로 흩어져 있다. 교회와 '평화의 복음을 전파하는 자들, 좋은 소식을 전하는 자들'(롬 10:9-15)인 사역자들은 다음의 일을 하라고 보냄을 받았다.

잃어버린 아담의 종족에게
성자의 영광스런 공로와

성부의 자유로운 은혜와

성령의 은사를

거듭 거듭

널리 공표하라고.[7]

    교회는 이 약속을 믿어야 한다. 우리를 위해서이기도 하고(우리는 오로지 그분만을 신뢰해야 한다) 타인을 위해서이기도 하다(우리는 누구에게나 그분을 전해야 한다). 우리는 하나님의 구속에 인간의 제한을 두어서는 안 된다. 그리스도께서는 어떠한 예외도 두지 않으신다. 그분은 남녀노소를 불문하고 모든 죄인에게 "나를 바라보아라. 그리하면 구원을 얻으리라"라고 말씀하신다. 우리는 우리 죄 때문에 그리스도를 거절해선 안 된다. 그리스도께서 우리 죄 때문에 우리를 거절하지 않으셨기 때문이다. 그리스도께서 오신 것은 죄인들을 구원하시기 위함이다.

    어쩌면 당신은 그리스도 안에서의 삶을 한 번도 가져본 적이 없을지 모른다. 수천 가지 다른 방법으로 하나님과의 평화를 얻기 위해 노력해보았을지 모른다. 당신의 마음속은 당신 영혼의 더러움, 죄에 대한 당신의 가벼운 감각, 당신이 말하고 생각하고 행동했던 참혹한 경험들로 가득했을지 모른다. 그런데도 그리스도께서는 당신을 멀리하지 않으신다. 그분은 당신을 가까이로 부르느라 애를 쓰신다. 그분은 당신

---

[7] Joseph Hart, "Give Glory to God, Ye Children of Men."

에게 "나를 바라보아라. 그리하면 구원을 얻으리라"라고 말씀하시며 영원한 구원을 제공하신다. 그리스도를 바라보았던 모든 자들이 구원을 받았고, 받고 있으며, 결코 수치에 빠지거나 실망하지 않았다. 바라볼 수 없다고 말한다면, 우리는 비천한 자들에게 은혜를 베푸시는 하나님, 구하는 자들에게 은혜를 주시는 하나님께 부르짖어야 한다. 우리는 바라보아야 한다. 그리고 자비로운 주권자이신 하나님께 구원을 맡겨야 한다.

바라보았다면, 그렇다면 우리는 산다. 하나님의 아들을 믿을 때, 우리는 사망에서 생명으로, 어둠에서 빛으로 옮겨진다. 이것은 새 생명에서의 첫 호흡이다. 하나님께서 우리의 마음속에서 역사하고 계시다는 증거다. 우리는 새롭게 뜨인 눈으로 회개하는 믿음을 가지고 구원하시는 영광 중에 계신 하나님의 아들을 바라본다. 그리고 하나님의 권속이 된다. 이것이 바로 그리스도 안에서의 삶이다.

더 깊은 묵상을 위한 질문

1. 당신은 현재 혹은 과거에 그리스도인 부모 밑에서 태어나 자란 것, 세례를 받은 것, 혹은 복음이 선포되는 교회에 빠짐없이 출석한 것이 자동적으로 당신을 그리스도인으로 만들어줄 거라고 생각한 적이 있는가? 이것은 왜 위험한 생각일 뿐 아니라 더 나아가 치명적인 생각인가?

2. 성경의 언어를 사용해서 설명해보라. 죄인이 하나님 나라에 들어가는 데에는 무엇이 반드시 필요한가? 이것을 그리스도인의 경험으로서 무엇이라 부르는가? 이 일이 발생할 때 그 사람은 무엇을 하는가?

3. 하나님의 복음이 초청이자 명령이라는 사실에 대해 깊이 생각해보았는가? 당신과 타인에게 있어서 이것은 무엇을 의미하는가?

4. '구원하는 믿음'의 대상은 무엇 혹은 누구인가? 우리는 그 외에 무엇을 바라보라는 유혹을 받는가? 당신은 특히 무엇을 바라보라는 유혹을 받았거나 받고 있는가?

5. 믿음(이사야서 45장 22절의 '바라봄')을 성경의 다른 표현들을 사용하여 간략하게 설명해보라. 그것들 중에서 당신에게 가장 달콤하고 유익하고 위로가 되는 것은 무엇인가?

6. 하나님께서 약속하신 구원은 확실하고, 즉각적이며, 완전하다. 당신이 만약 그리스도인이 되고 싶거나 그리스도인이라면, 그것이 당신에게 어떤 효과가 있겠는가?

7. 하나님이 제공하시는 구원의 광범위함과 자유로움이 어떤 식으로든 당신을 불안하게 만들거나 위험에 빠뜨리고 있는가? 그 이유는 무엇인가? 그래야만 하는가?

8. 기독교로 개종하기 원하거나 그리스도인이 되고 싶은 사람에게 당신은 어떤 조언을 해주겠는가?

그런즉 누구든지 그리스도 안에 있으면 새로운 피조물이라
이전 것은 지나갔으니 보라 새 것이 되었도다

고린도후서 5장 17절

2장

그리스도와
연합되기

청교도 존 플라벨(John Flavel)이 우리 마음을 지키는 것에 관한 글을 썼는데 특유의 직선적이고도 박력 있는 문체로 이렇게 시작했다.

> 회심에 있어서 가장 큰 어려움은 하나님을 향한 마음을 얻는 것이고, 회심 이후의 가장 큰 어려움은 하나님을 향한 마음을 유지하는 것이다.……
>
> "모든 지킬 만한 것 중에 더욱 네 마음을 지키라."…… 라바터(Lavater)[1]는 이 말씀을 많은 적들에게 포위된 수비대에게서 취한 것으로 보자고 제안한다. 그 수비대는 내부 반역자들에 의해 배반당할 위험에 놓여있을 수도 그렇지 않을 수도 있지만, 어쨌건 많은 원수들에게 둘러싸여 있다. 만약 그런 위험에 놓여있다면, 병사들은 죽음의 고통 속에서 성을 지키라는 명령을 받는 것이 된다. 그래서 '네 마음을 지키라'는 표현은 그것이 우리의 책임인 것처럼 보이지만, 사실 그 표현은 그것을 해냄에 있어서 우리 자체의 충분함이나 능력을 의미하지 않는다. 우리가 우리 자신의 재주와 능력으로 우리 마음을 다스리고 통제할 수 있다면, 우리

---

[1] 루드비히 라바터(Ludwig Lavater, 1527–1586)는 스위스 개혁주의 신학자로서, 하인리히 불링거(Heinrich Bullinger)의 둘째 딸과 결혼해 불링거와 가족관계가 되었다.

는 태양도 멈추게 하고 강도 거꾸로 흐르게 할 수 있을 것이다. 우리가 우리 마음을 '지키는 자'가 될 수 있다면, 우리 자신의 '구원자'도 될 수 있을 것이다. 그럼에도 솔로몬은 '네 마음을 지키라'고 매우 정확하게 말하고 있는데, 이는 비록 그 능력은 하나님의 것일지라도, 그 의무는 우리의 것이기 때문이다.

자연인에게는 아무 능력이 없지만, 은혜를 입은 자에게는 비록 충분하지는 않을지라도 약간의 능력이 있다. 그리고 그가 가진 능력이 무엇이건 간에 그 능력은 그리스도의 회복시키고 도우시는 힘을 의존한다. 우리 안에 있는 은혜는 우리에게 없는 은혜의 빚을 지고 있다. "나를 떠나서는 너희가 아무 것도 할 수 없음이라"(요 15:5).[2]

구원받은 죄인은 공격을 당한다. 사람들은 회심이 영적 전쟁의 끝이라고 오해할 때가 많다. 비록 자비로우신 하나님께서 새신자에게 잠시 휴전기와 풍성한 기쁨을 주시지만, 사실상 회심은 우리의 전쟁의 끝이 아니라 오히려 시작이다.

---

[2] John Flaverl, *A Saint Indeed*, in *The Works of John Flavel* (Edinburgh: Banner of Truth, 1968), 5:423-24. 언어와 문법은 저자가 현대화했다. (『마음 참된 성도의 마음』, 지평서원).

고린도 교회에 쓴 편지에서 바울은 세상과 육신과 악한 자에게 공격을 당하는 회중에게 설교한다. 당시 고린도 교회는 거짓 교사들이 드러나게 활보하거나 환영받은 것은 아니지만 몰래 들어와 활동하고 있었다. 그래서 바울은 거짓 교사들의 어리석음을 보여주고, 거짓 교훈과 잘못된 가정으로부터 위협당하는 기본 진리를 확고히 정립해주고자 두 번째 편지를 썼다.

고린도후서 5장에서 바울은 모든 신자들이 장래의 부활을 확신하고 하나님을 기쁘시게 하는 방식으로 살아가야 한다고 말한다. 그리고 "외모로 자랑하는 자들"(12절)인 거짓 교사들에게 총구를 돌린다. 사도는 자신의 복음 설교가 정당한지 입증하는 데는 별 관심이 없다. 그보다는 참된 진리의 설파와 그 결과에 집중한다.

5장 후반부에서 그의 주된 요지는 그리스도인이 그리스도의 죽음과 부활에 있어 갖게 되는 그리스도와 동일시 된 결과다.

그리스도의 사랑이 우리를 강권하시는도다 우리가 생각하건대 한 사람이 모든 사람을 대신하여 죽었은즉 모든 사람이 죽은 것이라 그가 모든 사람을 대신하여 죽으심은 살아 있는 자들로 하여금 다시는 그들 자신을 위하여 살지 않고 오직 그들을 대신하여 죽었다가 다시 살아나신 이를 위하여 살게 하려 함이라(14-15절).

저런 정밀한 사고로부터 나오는 결과는 이러하다.

그러므로 우리가 이제부터는 어떤 사람도 육신을 따라 알지 아니하노라 비록 우리가 그리스도도 육신을 따라 알았으나 이제부터는 그같이 알지 아니하노라 그런즉 누구든지 그리스도 안에 있으면 새로운 피조물이라 이전 것은 지나갔으니 보라 새 것이 되었도다(16-17절).

바울은 다른 곳에서도 분명하게 같은 취지의 말을 한다. 로마서 6장에서는, 하나님의 은혜가 높임을 받으려면 우리가 예전에 살던 대로 계속 살아가도 된다거나, 심지어는 계속 예전처럼 살아가야 한다는 논리에 이렇게 되묻는다. "그런즉 우리가 무슨 말을 하리요 은혜를 더하게 하려고 죄에 거하겠느냐"(1절) 그리스도의 죽음과 부활에 있어 우리가 그리스도와 동일시된다는 진리에 근거할 때 그의 대답은 분명하다.

그럴 수 없느니라 죄에 대하여 죽은 우리가 어찌 그 가운데 더 살리요 무릇 그리스도 예수와 합하여 세례를 받은 우리는 그의 죽으심과 합하여 세례를 받은 줄을 알지 못하느냐……
만일 우리가 그리스도와 함께 죽었으면 또한 그와 함께 살 줄을 믿노니 이는 그리스도께서 죽은 자 가운데서 살아나셨으매 다시 죽지 아니하시고 사망이 다시 그를 주장하지 못할 줄을 앎이로라 그가 죽으심은 죄에 대하여 단번에 죽으심이요 그가 살아 계심은 하나님께 대하여 살아 계심이니 이와 같이 너희도 너희 자신을 죄에 대하여는 죽은 자요 그리스도 예수 안에서 하나님께 대하여는 살아 있는 자로 여길지어다 그러므로 너희는 죄가 너희 죽을 몸을 지배하지 못하게 하여 몸의 사욕에 순종하지 말고 또한 너희 지체를 불의의 무기로 죄에게 내주지 말고 오직 너희 자신을 죽은 자 가운데서 다시 살아난 자 같이 하나님께 드리며 너희 지체를 의의 무기로 하나님께 드리라 죄가 너희를 주장하지 못하리니 이는 너희가 법 아래에 있지 아니하고 은혜 아래에 있음이라(2-3, 8-14절).

갈라디아서 6장에서도 바울은 "그러나 내게는 우리 주 예수 그리스도의 십자가 외에 결코 자랑할 것이 없으니 그리스도로 말미암아 세상이 나를 대하여 십자가에 못 박히고 내가 또한 세상을 대하여 그러하니라 할례나 무할례가 아무 것도 아니로되 오직 새로 지으심을 받는 것만이 중요하니라"(14-15절)라고 말한다. 다시 한 번 (그리스도와 연합되어) 새로 지으심을 받은 자로서의 동일시가 강조되고 있다. 우리는 세상에 대하여 십자가에 못 박혔고 세상은 우리에 대하여 못 박혔다. 구주의 십자가는 양방향으로 짙은 먹구름을 드리웠다. 그래서 세상은 우리가 보기에 광채를 잃어버렸고, 우리는 세상이 보기에 아름다움을 잃게 되었다. 그리하여 우리는 더 이상 우리 자신을 위하여 살지 않고 오직 우리를 대신하여 죽었다가 다시 살아나신 이를 위하여 산다(고후 5:15).

바울은 고린도후서에서 계속해서 이어가기를, 전에는 거짓 교사들이 그러했듯 육신의 잣대로 판단했지만, 이제는 아무도 육신, 곧 겉사람에 따라 평가되지 않는다고 한다. 그리스도를 더 이상 세상(과 바울)이

알던 대로 하찮은 자, 멸시받는 자, 버림받은 자로 여기지 않는다. 이제는 진리대로 권세를 가지신 영화로운 분, 고귀한 분, 승리자, 통치자, 구원자로 여긴다.

이와 같은 진리로부터 바울은 다음과 같이 결론을 맺는다. "그런즉 누구든지 그리스도 안에 있으면 새로운 피조물이라 이전 것은 지나갔으니 보라 새 것이 되었도다"(고후 5:17). 바로 여기가 마음을 지키는 난제에 대한 플라벨의 대답 중 가장 중요하고 위대한 부분이다. 비록 그 능력은 하나님의 것일지라도, 그 의무는 우리의 것이다. 자연인에게는 아무 능력이 없지만, 은혜를 입은 자에게는, 비록 충분하지는 않을지라도 약간의 능력이 있다. 그리고 그가 가진 능력이 무엇이건 간에 그 능력은 '그리스도의 회복시키시고 도우시는 힘'을 의존한다. 우리 안에 있는 은혜는 우리에게 없는 은혜 덕분이다. 그리스도를 떠나서는 당신은 아무것도 할 수 없다.

그리스도를 바라보고 구원받은 사람으로서 바울은 그리스도인의 그리스도와의 동일시를 강조한다. 그 위치와 본질을 관찰하고는 그 진리에 관해 설명한다.

우리의 위치에 관한 설명

"누구든지 그리스도 안에 있으면." 이 진술의 폭이 얼마나 넓은지 당신은 즉시 알아챌 것이다. 이 진술은 합법적으로 "그리스도 안에" 있다고 설명될 수 있는 모든 사람에게 적용된다. 신체 나이, 영적 성숙도, 성별, 과거의 종교, 범죄 기록, 참된 종교적 지식의 깊이나 정도, 혹은 타인을 판단하고 평가할 때 쓰는 어떤 것에서도 차별이나 구분이 없다. 예수 그리스도를 바라보고 구원받은 모든 사람은 동급이다. 그에 뒤따르는 내용에 대해 모든 신자("그리스도 안에" 있는 모든 자)가 동일하게 여겨진다는 뜻이다.

이 문제는 신자들에게 갈등을 낳을 때가 많다. 문제는, 우리를 열등하게 보는 타인의 판단이 아니라, 우리가 우리에 관한 말을 더디 믿는다는 것이다. 하지만 이 문제로부터 자유로울 수 있는 그리스도인은 아무도 없다. 우리 원수는 자주 우리를 혼란에 빠뜨린다. 영적인 면에서 더 높은 차원에 이른 신자들이 있다는 말을 우리로 듣게 만든다. 어쩌면 우리는 왜곡된 겸손의 형태로 찾아올 때가 많은 교만과 싸운다. 제 입으로는 그런 말을 꺼낼 수도 없으면서, 마치 우리가 일반적인 규칙의 예외인 것 마냥 세계 역사상 유일한 성인(聖人)인 것처럼 여기기도 한다. 우리는 결코 이 문제로부터 자유롭지 못하다.

기독교의 이 원칙에는 예외가 없다. 그리고 (만약 우리가 스스로를 예외로 만들거나 예외가 되는 걸 허용한다면) 고의든 고의가 아니든 우리는 우리의 복을 부인하고 우리의 의무를 회피하게 된다. 혼동하기 쉬운 미성숙한 그리스도인에게는, 기본적인 영적 실재를 부인하는 것이 하나님의 말씀 안에서 우리를 위해 세워진 기준을 추구하지 않게 하는 면죄부가 될 수 있다. '결국' 우리는 묻게 될 것이다. "내가 만약 지금 **이렇지 않**

다면, 어떻게 **저렇게** 될 수 있지?" 그래서 우리는 경건함의 신경을 잘라버리고 스스로 낮은 수준으로 사는 걸 허용하게 된다. 다른 어떤 점을 기대할 만한 근거가 우리에게 없다는 이야기를 들어왔기 때문이다. 마찬가지로, 우리는 그리스도 예수 안에서 우리에게 진정으로 부여된 복과 특권으로부터 스스로를 잘라내고는, 그것들을 받을 자격이 없다고 느끼고(실제로는 그렇지 않다) 그것들로부터 제외된다고 결론짓게(실제로는 그렇지 않다) 될 수 있다. 다시 말하지만, 그 결과는 우리를 죽인다. 그리스도 안에서 하나님으로부터 거리감을 느끼고 전혀 경건해지지 못하고 있다는 절망감을 느끼게 만든다. 이 모두는, 우리가 성장의 근거가 되는 관계 또는 실재를 소유하지 못했다는 잘못된 가정을 하기 때문이다.

그러나 바울이 여기서 말하는 대상은 모든 참된 그리스도인이다. 감사하게도, 누구도 예외는 없다! 그러니 바울이 묘사하는 사람의 위치를 좀 더 주의 깊게 살펴보자.

사람이 주 그리스도와 가질 수 있는 관계는 세 가지다.

첫째, '그리스도가 없을' 수 있다. 이것은 자연 상태의 우리다. 우리가 그리스도를 바라보기 전, 심지어 바라볼 그리스도가 있는지조차 몰랐을 때 우리가 세상에 존재하던 방식이다. 어떤 사람이 강대국의 부유한 도시에서, 뛰어난 두뇌와 아름다운 얼굴과 매력적인 몸매를 타고난 채로, 심지어 그리스도인 부모를 둔 가정에서 태어났다고 하자. 하지만 그럼에도 그는 그리스도 없이 태어난다. 아무리 많은 이 땅의 특권도 이 사실을 바꿀 수 없다. 우리는 국왕이 종교적인 역할과 직함을 가진 나라의 관리일 수 있다. 기독교 윤리가 건강하게 스며든 위대한 유산을 가진 나라의 시민일 수 있다. 정통적인 교회에 출석하면서 지적이고 열정적인 설교를 매주 들을 수 있다. 그런데도 여전히 그리스도가 없는 존재일 수 있다. 음식이 없는 건 혹독하고, 돈이 없는 건 고통스럽고, 건강이 없는 건 비참하고, 친구가 없는 건 비극이지만, 그리스도가 없는 건 가장 위대하고 필수적인 선(善)이 없는 것이다. 상상할 수 있는, 가장 끔찍한 상황이다. 우리에게 그리스도가 있다면, 다른 모든 것은 견딜 수 있을 것이다. 그러나 그리스도 없이 살고 죽는 것은 다른 수많은 복들을 입 안의 먼지나 재와 다름없게 만든다.

둘째, '그리스도와 함께' 있을 수 있다. 그리스도가 없는 것이 재앙의 정점이라면, 그리스도와 함께 있는 것은 기쁨의 정점이다. 이것이 바로 그 기쁨이요 영광스런 복이기 때문이다. "주와 함께 있는"(고후 5:8) 것이 천국 중의 천국이다. 죄인들의 영광스런 구주이신 주 그리스도께 시선을 고정시키는 것보다 더 큰 기쁨이 없고, 더 행복한 기대가 없으며, 더 달콤한 순간이 없다. 이것이 장래의 영광에 대한 다른 모든 단서들을 금빛 찬란하게 만드는 부활에 대한 전망이며, 죽어가는 성도가 고대하는 것이다. 하지만 우리가 죽어서 그리스도와 함께 있거나 그분이 재림하실 때에 그분과 함께 있으려면, 무엇보다도 그리스도 안에 있어야만 한다. 그렇지 않으면 그 누구도 그리스도와 함께 있지 못한다는 것을 마음에 새겨야 한다.

그리고 바울이 여기서 강조하는 마지막 세 번째 관계는, '그리스도 안에' 있는 것이다. 이것은 우리가 죄성에 의해 '아담 안에'(롬 5:12-21) 있는 것과 정반대의 의미다. 그리고 이것은 '교회 안에' 있는 것과도 다른 의미다. 가끔 교회 건물 안에 있는 것, 교회 예배에 정기적으로 출석하는 것, 심지어 진리가 설교되는 교회의 구성원이 되는 것 그 자체로 자신의 구원이 보장받는다고 상상하는 사람들이 많다. 하지만 당신은 교회 안에 있으면서도 그리스도가 없을 수 있다.

'그리스도 안에' 있는 것은 믿음에 의해 주 예수 그리스도와 (구원받도록) 연합되는 것이다. 이는 그렇지 않았으면 가망 없을 죄인들에게 하나님이 주권적인 자비로 수여하신, 하나님의 은혜로운 선물인 주님과의 (구원의) 연결됨이다. 그리스도 안에 있는 것은, 성자 예수님의 모든 온전하심 때문에 성부 하나님께 기꺼이 용납되고 받아들여져서 "그가 사랑하시는 자"(엡 1:6)가 된 것이 확실함을 아는 것이다. 이는 장차 올 삶에 대한 보장이요, 풍성함이요, 확실함이다. 그리스도인은 손이나 발이 몸 안에 있듯이 그리스도 안에 있다. "[하나님께서] 그를 만물 위에 교회의 머리로 삼으셨느니라 교회는 그의 몸이니 만물 안에서 만물을 충만하게 하시는 이의 충만함이니라"(엡 1:22-23).

이는 그리스도를 바라보고 구원받았다는 확실한 결과요, 당신의 영혼을 그분께 의탁했다는 분명한 결과다. 우리는 믿음과 사랑으로 그리스도 안에 있게 된다. 거룩하신 하나님이 보시기에 받아들여질 수 있도록 전적으로 그리스도만을 의지할 때, 우리는 믿음으로 그리스도 안에 있다. 진심 어린 기쁨으로 다른 무엇보다 그분을 가장 흠모할 때, 우리는 사랑으로 그리스도 안에 있다. 신실한 믿음이 있는 곳에 기꺼이 사랑이 뒤따른다.

그리고 우리는 노아가 방주 안에 있듯이, 그리스도 안에 있다. 방주는 안전과 평화와 안식의 장소로서 하나님의 손에 의해 닫혔기에 율법과 심판의 모든 공포로부터 안전을 보장받는 곳이다.

'그리스도 안에' 있는 것은 (그렇게 되는 즉시로) 예수님께서 그분의 대속의 죽음과 영광스런 부활로 성취하신 모든 것의 상속자가 되는 것이다. 바울은 죽을 때까지 '그리스도 안에서' 오래도록 신실하고 보람 있는 세월을 보냈다. 십자가에 달린 도적은 죽을 때 '그리스도 안에서' 고통스럽고 무력한 시간을 보냈다. 하지만 둘 중 누구도 그리스도 안에 더 있는 것도 덜 있는 것도 아니다. 둘 중 누구도 하나님 보시기에 더 의로운 것도 덜 의로운 것도 아니다. 둘 중 누구도 그리스도 때문에 하나님의 사랑을 더 받은 것도 덜 받은 것도 아니다. 누구에게도 아무런 차이가 없게 만드는 것이 '그리스도 안에'다. 그리스도께서 다시 오시거나 우리를 본향으로 데려가실 때 그리스도와 함께하게 해줄 길을 닦는 것이 '그리스도 안에'다.

그리스도 안에 있는 누구에게나 이 사실은 진리다. 그리고 이제 바울은 그런 사람의 본질에 관해서 설명하기 시작한다.

우리의 본성에 관한 설명

사도는 "누구든지 그리스도 안에 있으면"이라고 쓴 다음, "[그는] 새로운 피조물이라"라고 쓴다.

이것은 '급진적인 변화'다. 그저 다른 무언가가 아니라 전혀 새로운 무언가가 된다. 올챙이가 개구리가 된 것 혹은 애벌레가 나비가 된 것으로는 충분하지 않다. 변형과 변태라는 단어는 그 실체를 표현하기에는 부족하다. 구스인의 피부가 변하고, 표범의 반점이 변하는 것으로도 충분하지 않다. 이것은 변화가 아니라 창조, 가장 깊은 차원에서의 새롭게 됨이기 때문이다.

이것은 '철저한 변화'다. 외모가 아니라 본성을 바꾼다. 구스인이 그의 피부를 변하게 한다 해도 그는 여전히 구스인이다. 표범이 그 반점을 변하게 해도 그것은 여전히 표범이다. 하지만 새로운 창조가 시작되어 그 존재의 중심으로부터 뿜어져 나온다. 그의 모든 것을 변화시킨다. 그것은 우리 인간성을 다스리는 자리, 곧 그 마음의 왕좌에 그리스도를 모신 속사람과 더불어 시작된다. 그리고 그 안에서부터 밖을 향해 새로운 피조물이 되는 과정이 시작된다. 그 무엇도 간과되거나 건너뛰어지지 않은 채, 시간이 지남에 따라 모든 것이 크건 작건 영향을 받고 점차적으로 혁신된다.

그리고 이것은 '하나님께서 일하신 변화'다. 오직 하늘의 능력에 의해 이루어진다. 보잘것없는 인간의 힘으로는 그 사역을 결코 시작할 수도 유지할 수도 없다. 인간의 능력과 재주로는 무엇도 새롭게 존재하게끔 창조할 수 없듯이, 인간의 능력과 재주로는 한 사람을 새로운 피조물이 되게 할 수 없다. 그리고 정녕 이 구원의 행위는 처음의 창조의 행위까지도 초월한다. 창조 때에 하나님은 무(無)로부터 일하셨지만, 구원 때에 하나님은 죄에 대항해 일하셨다.

성경에서 하늘은 하나님의 손가락으로 지으신 작품으로 간주되는데(시 8:3), 성도는 하나님의 강하신 오른손의 일하심으로 구원을 받는다(시 44:3; 98:1; 신 9:29 참조). 죄인이 구원받고자 하는 갈망조차도 하나님에 의해 주어진다! "육신의 생각은 하나님과 원수가 되나니"(롬 8:7). 육신의 생각은 하나님과 싸우고 하나님을 멸시하며 육신의 뜻과 방법을 갈망한다. 그럼에도 하나님은 오셔서 그리스도께로 돌이키는 새로운 마음을 창조하신다.

이렇듯 주님은 육신의 생각을 영의 생각으로, 세속의 욕구를 하늘의 것으로, 인간에게로 향한 태도를 하나님을 향하는 태도로 바꾸신다. 하나님은 구원하실 때에 우리의 의지에 반해서 일하지 않으시고 오히려 그 의지를 새롭게 만드신다. 그래서 누구든지 "그리스도 안에" 있으면 "새로운 피조물"이라고 말할 수 있게 하신다. 더렵혀지지 않은 하나님의 일하심 가운데 자기의 정체성을 찾는 것이다.

구원받은 죄인이 믿음으로 주 그리스도와 연합되는 것은 변혁적인 연합이다. 누구든지 그리스도 안에 있는 자는 새로운 피조물이다. 이 실재는 변함없이 영속된다. 하나님의 급진적이고 근본적이며 철저한 새 창조의 행위가 있는데, 그것은 그리스도 안으로 옮겨진 사람의 삶에 일어난다. 회심했다고 주장하면서 이전과 하나도 다를 게 없는 자칭 그리스도인은 결코 참된 그리스도인이 아니다. 그 결과가 아무리 느리게 전인격을 관통한다 할지라도, 근본적인 변화는 진짜이고 명확하다. 분명히 존재하고 결코 이전과 같을 수 없다.

새로운 피조물은 세상이 제공하는 모든 것을 능가한다. 교육가, 정치가, 신비주의자, 의사, 도덕주의자, 철학자, 심령술사, 과학자 등 모두가 이런저런 방식으로 인간을 변화시킬 수 있다고, 개선시킬 수 있다고, 향상시킬 수 있다고, 갱생시킬 수 있다고 주장한다. 하지만 오직 성령님만이 사람을 거듭나게 하실 수 있다. 오직 그리스도 안에서만 "새로운 피조물"이라는 말을 들을 수 있다. 이것은 새로운 관점도, 새로운 브랜드도, 새로운 접근법도, 새로운 정책도, 새로운 제도도 아니다. 새로운 본성이다.

물론 "그리스도 안에" 있는 것과 "새로운 피조물"인 것은 분리될 수 없다. 이것을 아는 것이 중요하다. 바울은 누군가가 새로운 피조물이라면 그는 그리스도에 대한 어떤 권리를 가진다고 말하는 것이 아니다. 오히려 새로운 피조물이라는 실재는 그리스도와의 관계에 달려있다. 혹자는 "나는 새로운 피조물로 살아낼 만큼 강하지 않아. 나는 내가 그 명령들을 잘 지켜낼 수 있을지, 그 기준대로 살 수 있을지, 반대에 맞설 수 있을지, 그리고 내 죄들을 죽일 수 있을지 모르겠어"라고 말할지 모른다. 하지만 그런 염려는 마차가 말을 끄는 것과 같다. 우리는 우선 믿음으로 "그리스도 안에" 있는지를 염려해야 한다. 새로운 피조물이라는 실체는 그 관계에 전적으로 의존한다. 아무도 그리스도 밖에서 이 일을 해낼 수 없다. 사람은 스스로를 재창조할 수 없다. 성령님이 믿음 안에서 그리스도께로 돌이키는 새 마음을 주신다. 그래야만 죄에 물든 죄인이 (예수님과의 연합됨 안에서) 새로운 피조물이라 불릴 수 있다. 그런데 이것은 어떻게 작동되는 걸까? 실제로는 이것이 어떻게 보일까?

우리가 겪는 일에 대한 추가 설명

바울은 이 진술을 다만 진열장에 아름답게 전시하지 않고 우리 앞에 담대히 꺼내놓는다. 그리스도 안에서 살아가는 그리스도인의 경험을 우리에게 자세히 설명한다. "이전 것은 지나갔으니 보라 새 것이 되었도다"(고후 5:17). 여기에는 의미심장한 두 가지 다른 차원이 있다. 다음과 같이 말하면 좀 더 명확해질지 모르겠다. "옛 것은 지나갔고 영원히 지나갔다. 새 것이 왔고 계속해서 오고 있다."

"옛 것은 지나갔고 영원히 지나갔다." 우리는 육체가 즉시로 변하지 않는다는 것을 안다. 우리의 외적인 특징은 근본적으로 같다. 하지만 바울은 이미 우리가 그런 외적인 것들로는 판단하지 않는다고 밝혔다. 그렇다. 이미 지나가버린 것은 옛 사람이다. 하나님의 자녀는 사실상 이렇게 말할 수 있다. "과거에 나는 나를 위해 살았다오. 하지만 지금은 세상과 나에 대해 십자가에 못 박혔다오. 나는 그리스도와 함께 십자가에 못 박혔기에 더 이상 내가 살지 않고 오직 그리스도께서 내 안에 사신다오. 이제 내가 육체로 사는 삶은, 나를 사랑하사 나를 위하여 자기를 버리신, 하나님의 아들을 믿는 믿음으로 사는 것이라오"(갈 2:20; 6:14 참조).

옛 보석들이 더 이상 반짝이지 않는다. 옛 애정과 열정과 욕망과 욕구와 목표와 소망과 우선순위의 뿌리에 도끼가 놓였다. 그것들이 더 이상 우리를 다스리지 않는다. 세상 것들에 대한 우리의 근본적인 충성은 끊어졌다. 그리스도인으로서 나는 더 이상 죄의 지배와 사탄의 통치 아래 있지 않다. 나는 그리스도 예수 안에서 새로운 피조물이다. "하나님께 감사하리로다 너희가 본래 죄의 종이더니 너희에게 전하여 준 바 교훈의 본을 마음으로 순종하여 죄로부터 해방되어 의에게 종이 되었느니라"(롬 6:17-18). 이 말은 우리의 전쟁이 끝났다는 뜻이 아니다. 우리의 소속이 바뀌었다는 뜻이다.

이런 일을 본 적이 있는가? 당신의 가정에서, 교회에서, 친구의 삶에서 목격한 적이 있는가? 그게 무엇인지 당신 스스로가 분별해낼 수 있을 거라 믿는다. 성미가 사나운 어느 십 대 소녀가 있다. 그 아이는 교회는 가야 하는 곳이니까 교회에 온다. 그 아이는 언제나 뚱한 표정으로, 사람들의 시선을 피하려고 얼굴을 머리카락으로 가리고, 사람들과 부딪히지 않으려고 어깨를 구부정하게 한 채 "나는 내가 원하는 걸 선택해"라고 말하는 듯한 복장과 화장을 하고 있다. 그러던 어느 날, 그

소녀가 복음 아래서 맑은 눈을 하고 앉아 있다. 양 눈이 다 보이도록 말이다. 그 아이의 어깨는 펴졌고, 얼굴은 활짝 피었으며, 몸은 편안해졌고, 입은 미소를 짓는다. 진리를 만난 것이다.

불량한 청년이 있다. 길거리를 배회하며 시간을 때우고, 늘어나는 전과 기록을 수집하며, 스스로를 흉악한 자로 여기고, 가족들의 원망을 사며, 선생님들에게 쓸모없는 놈이라 무시당하고, 모든 권위와 끊임없이 갈등을 일으킨다. 정말 막다른 인생이 있다면 그의 인생이 바로 그렇다고 말할 수 있을 것이다. 그러던 어느 날, 그가 패역한 삶을 청산한다. 전과 기록이 갑자기 멈추고, 권위에 대한 태도가 급변한다. 그가 교훈과 가르침에 관심을 기울이기 시작한다. 그러자 그의 부모가 자기 아들 때문에 이전보다 더욱 혼란스러워한다.

헛되고 세속적이며 지독히도 쾌락적인 여인이 있다. 그녀는 사람들의 관심을 끌기 위해 입고, 말하고, 행동한다. 마치 그녀의 모든 가치가 타인의 사랑과 갈채를 받는 것에 달린 것 같다. 그녀는 다른 모든 여자들과 끊임없이 경쟁한다. 자기의 성공에 조금이라도 방해가 될까 봐 다른 사람이 칭찬받는 것을 견디지 못한다. 자기가 조금이라도 더 낫다는 걸 보여주려 한다. 그녀는 엄마이기도 하다. 자기 집과 거기에 갖춘 것들을 으스대지만, 속으로는 가족이 자신의 날개를 꺾었다며 후회하고 있다. 그녀는 고통스럽게도 자기가 모든 사람을 위해 희생했다고 느낀다. 그녀의 자녀들은 다른 애들보다 항상 더 재능이 많고 어른스럽고 귀하다. 그 애들은 다른 애들보다 항상 더 많이 더 빨리 더 확실히 쟁취한다. 어쩌면 그녀는 비즈니스 세계에 몸담고 있을 수 있다. 다른 여자들을 제치고, 다른 남자들도 제친다. 필사적이고 통속적이며 공격적이다. 자아로 가득하지만 깊은 불만족이 있다. 그녀의 영혼을 무엇으로 채워야 할지 전혀 감지하지 못한다. 그러던 어느 날, 그녀가 진심으로 행복해한다. 최신 잡지에서 유익한 정보를 발견해서도 아니고, 얼굴이나 가족이나 집을 바꾸었기 때문도 아니다. 오히려 그녀는 자기보다 남을 더 높이 칭찬하는 법을 배우고 있다. 그녀의 삶에서 부드러움, 우아함, 친절함이 드러나기 시작한다. 그녀는 여전히 열심히 일하지만, 그녀의 자멸적인 경쟁심은 평안으로 바뀌었고, 만족감은 점점 커져간다. 마치 그녀가 전혀 다른 기준으로 스스로를 평가하고 전혀 다른 시각으로 스스로를 보는 것 같다.

완고하고 자기집착이 심한 오만한 남자가 있다. 그는 항상 자기가 결정적 발언을 해야 하고, 항상 주목을 받아야 한다. 그의 아내, 혹은 가장 최근에 만난 여자는 그가 바라는 대로의 모습이어야 한다. 그의 집, 자동차, 옷, 자녀는 그의 권위, 능력, 존재, 봉급을 보여줘야 한다. 누구도 지나치게 가까워지는 것은 허용되지 않는다. 누구도 그의 영혼의 벽 뒤편을 캐서도 안 된다. 그는 자신에 관한 모든 비판을 수용하지만 타인에 대해서도 기꺼이 비판한다. 그는 틀려서는 안 된다(그는 자신이 틀린 걸 받아들일 수가 없다). 그의 자존감과 타인의 마음속에 있는 그의 이미지가 바스러지기 때문이다. 그는 약해보일 수도 없다. 경쟁력을 유지하려면 강해보여야 하기 때문이다. 세상은 반드시 그를 중심으로 돌아야 한다. 그는 모든 시스템에서 태양이어야 하고, 그의 궤도를 이탈하지 않을 행성들은 죽은 바위처럼 내던져질 것이다. 그의 삶은 최정상을 유지하기 위해 필사적이고, 그의 영혼은 비통함으로 가득하다. 자신의 가치를 진정으로 알아채는 사람은 자신이 유일하다고 믿기 때문이다. 그러던 어느 날, 그가 아내의 의견을 묻는다. 게다가 진실로 경청한다. 진실로 동료들의 잘한 일을 칭찬하거나 직원을 격려한다. 그는 자기가 친 보호막을 거두고, 모든 잠재적인 경쟁자들과 거리를 벌렸던 벽을 허물기 시작한다. 자신이 아닌 것을 자신인 척하던 걸 멈추고 진정한 자신에게 만족하기를 배우고 있다.

종교라는 갑옷 안에 갇힌 메마른 영혼이 있다. 겉으로만 경건해 보이는 허울뿐인 영혼이다. 이번 주일부터 다음 주일까지, 아침이나 저녁이나 항상 그렇다. 어쩌면 그녀는 매일 성경을 읽고 매일 기도를 한다. 그녀의 정통 신앙은 의문의 여지가 없다. 천 걸음 밖에서도 이단의 냄새를 맡을 수 있다. 그녀는 목사님이 진리를 선포하는 것에 기뻐하지만 그 적용을 위해서는 성령님이 일하셔야 함을 믿는다. 그녀는 위선을 지적하는 설교를 매우 좋아하는데, 존스 씨가 그 설교를 잘 들어주기를 바란다. 그녀의 관점에서 성화란 소독하는 것과 같기에 그녀는 상황과 사람이 요구된 기준에 미치지 못했을 때는 그것을 매우 신속하게 알린다. 저 소란스런 젊은이들이 모임에 나오는 것이 탐탁지 않다. 그들은 예배 전에 시끄럽게 군다. (또 그들이 떠난 후의 화장실 상태를 본 적이 있는가?) 새로운 목사님이 부임하게 되면, 그녀는 그가 평지풍파를 일으키지 않고, 현상 유지의 위대함을 알며, 더 견고하고 신뢰할 만한 교인들 (예를 들어 자기와 같은 여인들)의 가치를 아는 성숙한 사람이기를 바란다. 그러던 어느 날, 하나님의 말씀이 강타하자 이 여인은 난생 처음으로 자신의 죄를 느끼고 그로 인해 운다. 교회 건물의 상태도 잊고, 아이들의 소음에 쯧쯧대는 것도 잊고, 그저 그리스도 안에서 하나님의 영광에 사로잡힌다. 몇 주 후, 그녀는 주 예수님의 아름다우심을 사람들에게 쉼없이 나누고 있다. 부녀회 모임에서 그녀가 드리는 공적 기도는 예전에는 장황하고 따분했지만, 이제는 상한 심령으로 인해 더듬거리며 말을 잇는다. 구원하신 하나님께 대한 감사가, 존경받기보다는 경건함에 대한 목마름으로 가득하다. 천국의 바닷가에 부서지는 파도처럼 간구가 이어진다.

우리는 크고 작은 내적 슬픔과 외적 반역 그리고 영적 죽음의 비참함이 담긴 초상화를 수없이 그리다가 어느 순간 점점 더 생명력이 넘치는 스케치를 그리게 된다. 예전에는 아무것도 없던 곳에 이제는 참 생명이 탄생하는 그림이다.

무슨 일이 일어났을까? 무슨 일이 일어나는 것일까? "옛 것은 지나갔고 영원히 지나갔다. 새 것이 왔고 계속해서 오고 있다." 이 변화는 한 단계 한 단계 (오래도록 몸에 밴 죄와 싸워야 할 때에는 특히나) 때로는 느리고 고통스럽게 이루어지지만, 그것은 그 죄인이 흑암의 나라로부터 끄집어내져서 하나님의 사랑의 아들의 나라로 옮겨진 결과다. 이 남자와 여자, 소년과 소녀는 난생 처음으로 올바른 마음을 옷 입고 있다고 말할 수 있다. 귀신은 떠나가고 하나님과의 평화가 성립되었다. 이것이 우리 눈에 경이롭지 않은가?

자기를 위해 죄 가운데 살다가 이제는 "나를 위하여 죽으시고 부활하신 그리스도"를 위해 사는 한 사람이 있다. 같은 영혼이지만, 그 안에서 역사하는 것은 전혀 다른 인격이다. 같은 육체이지만, 전혀 다른 영에 의해 생기 있게 되었다. 이 사람은 새로운 빛, 새로운 이해, 새로운 의지, 새로운 욕망과 기호, 새로운 추구와 목적, 새로운 운명을 소유하고 있다. 그녀는 그리스도 안에 있고 언젠가는 그리스도와 함께 있을 것이다! 매튜 헨리(Matthew Henry)는 "새로워진 인간은 새로운 원칙으로부터, 새로운 규칙에 의해, 새로운 목적을 가지고, 새로운 무리 안에서 행동한다"[3]라고 썼다. 정말이지, 많은 은혜의 열매가 꽃보다는 싹에서 시작한다. 그 잎맥에 새 생명이 흐른다. 변화는 계속될 것이다. "보라, 새 것이 왔고 계속해서 오고 있다!"

"보라!"라는 바울의 외침에서 복음의 승리의 소식을 들을 수 있는가? 그는 "이것을 보라!"라고 말한다. 놀람과 기쁨이 교차하는 우리의 눈을 향해 은혜의 트로피를 높이 든다.

그로부터 수년 전, 비통에 잠긴 한 완고한 남자가 저주받은 나사렛 사람의 이상한 종파를 (철저히 부숴버리려 했으나 허무하게 끝나고 만) 박해하려고 악한 의도를 가득 품은 채 걸어갔던 그 먼지 자욱한 길로 돌아가보

---

[3] Matthew Henry, *Matthew Henry's Commentary* (Peabody, Mass.: Hendrickson, 1991), 6:500.

자. 그 남자는 자기가 결코 기대하지 못했던 한 분을 대면했다. 부활하신 예수님, 가장 높고 정결하신 분, 그 인격이 한없이 빛나며 그 구원의 공로가 장엄한 분, 영광스런 그리스도셨다. 그의 육안은 비록 가리워졌지만, 그의 영안에서는 비늘이 벗겨졌다. 이 사람이 다소의 사울이다. 그는 그리스도와 다른 사람들을 육을 따라서만 볼 수 있었다. 그는 유죄 판결을 받고, 그 법의 지배 아래서 자신의 교만과 비통에 휘둘리고 있었다. 그는 오만한 증오로 가득한 "비방자요 박해자요 폭행자"(딤전 1:13)였다. 그런 그가 십자가에서 죽으셨으나 지금은 왕위에 오르신 나사렛 예수님을 만난다. 신령한 은혜가 그를 흑암의 나라에서 끄집어내 하나님의 기이한 빛 안으로 몰아넣는다. "보라, 만물이 새롭게 되었도다." 다소의 사울은 새로운 눈으로 보고, 새로운 원칙의 지배를 받고, 새로운 목표와 욕망을 갖고, 새로운 권위 아래 놓이고, 흔들릴 수 없는 새 소망을 가지고 산다. 그는 그리스도 안에서 새로운 피조물이다. 곧 세상은 그를 위대하신 하나님과 구주를 소유한 보통 사람, 사도 바울로 알게 될 것이다.

당신의 삶에는 저런 "보라!"가 있는가? 여기서 잘못된 결론을 도출하지 말라. 살펴보겠지만, 이 문제는 회심의 외적인 상황에 관한 것이 아니라 내적인 실재에 관한 것이다. 그리스도 안에 있다는 표지는 새로운 피조물이라는 실재다. 사람은 천둥번개가 치는 폭풍 속에서 만큼이나 부드러운 봄바람 속에서도 거듭날 수 있다. 다소의 사울이 경험했던 종류의 위기를 겪을 필요는 없지만, 본질적인 변화는 반드시 겪어야 한다. 모든 그리스도인의 삶에는 옛 것은 지나갔고 영원히 지나갔다는 증거와 새 것이 왔고 계속해서 오고 있다는 경이로움이 있다. 옛 생활의 원칙과 구조가 흔들리고 재건되어 그리스도 안에 거하는 새 사람이라는 본래의 실재를 반영하게 된다.

그래서 당신이 그리스도 안에서 새로운 피조물이라면, 앞으로 우리가 보게 되겠지만, 하나님께서는 그분이 그토록 영광스럽게 시작하신 그 일을 완성하실 것이다! 하지만 우리는 그리스도 안에 있으면서도 옛 방식대로 걸어가는 그 부조화(이상함과 부당함)를 보고 느낄 필요가 있다. 이를 진정으로 이해하고 감사할 필요가 있다. 옛 습관은 죽이기 어렵다. 옛 행동양식은 깨뜨리기 어렵다. 그래서 주님은 우리더러 옛 사람을 벗어버리고 새 사람을 입은 자로서 살라고 요구하신다. "오직 너희는 그리스도를 그같이 배우지 아니하였느니라 진리가 예수 안에 있는 것 같이 너희가 참으로 그에게서 듣고 또한 그 안에서 가르침을 받았을진대 너희는 유혹의 욕심을 따라 썩어져 가는 구습을 따르는 옛 사람을 벗어 버리고 오직 너희의 심령이 새롭게 되어 하나님을 따라 의와 진리의 거룩함으로 지으심을 받은 새 사람을 입으라"(엡 4:20-24).

만약 당신이 고도비만인데 매우 효과적인 다이어트와 운동 방법을 받아들여 엄청나게 체중을 줄였다면, 예전에 입던 그 옷을 입을 수 있겠는가? 당연히 아니다! 그리스도 안에 있는 새 사람, 하나님의 은혜로 된 새로운 피조물, 예수님의 죽음과 부활의 상속자는 얼마나 더 그러하겠는가? 그 옛 사람은 예수님과 함께 십자가에 못 박혔고, 이제는 그리스도의 능력과 은혜로 무덤의 장식들을 벗어버리고 새로운 피조물이라는 실재에 어울리는 새 사람으로서의 옷을 입는다. 나사로가 무덤에서 나왔을 때, 그는 수의를 입어 손과 발이 묶여있었고 얼굴은 천으로 싸여있었다. 예수님은 주변 사람들에게 "풀어 놓아 다니게 하라"(요 11:44)고 명령하셨다. 우리가 그분 안에서 새로운 생명으로 부활할 때는 얼마나 더 무덤의 장식들을 벗어버리고 하나님께서 의도하신 대로 자유롭게 살도록 놓임을 받겠는가?

하나님의 자녀는 변화가 계속되며 더욱 변화될 것이라는 소망이 있다. 그러므로 진노의 자녀에게도 소망이 있다. 우리 탓이냐 남의 탓이냐 하면서 절망할 필요가 없다. 오직 하나님만이 사람을 새로운 피조물로 만드실 수 있다. 하나님은 하실 수 있다. 그리고 하신다.

영혼이 흑암에서 빛으로 변화되고 한때 오직 죽음뿐이던 곳에 생명이 흐르는 것은, 하나님의 전능하신 능력의 결과다. 하나님의 전능하신 능력과 팔이 닿지 않을 만큼 그리스도께로부터 멀리 있는 자, 그 정도로 깊은 죄 가운데 있는 자는 없다. 오직 그분만이 그들에게 찾아가시어 그들을 이끌어내실 수 있다. 그분은 그의 아들 예수 그리스도의 복음을 통해 이 일을 하신다. 비록 얼마쯤 그럴 만한 가능성이 있어 보인다 해도 교육가, 정치가, 신비주의자, 의사, 도덕주의자, 철학자, 심령술사, 과학자들을 신뢰하지 말라. 그리스도 안에서의 새로운 삶은 믿는 자 안에서 효과적으로 역사하는 복음의 강력한 등장을 통해 보장되고 진전된다.

믿음으로 그리스도께로 오는 자(자기 죄를 회개하고, 그리스도 없는 자신의 비참함을 보고, 그리스도 안에 있는 은혜를 구하는 자) 그리고 진심으로 언젠가는 그리스도와 함께 보고 존재하기를 갈망하는 자는 누구나 그리스도께서 자기의 구주이자 주님이심을 발견할 것이며, 새로운 피조물이라는 복된 실재 안으로 들어갈 것이고, 장차 (천국 중의 천국인) 새 하늘과 새 땅에서 그리스도와 함께 사는 삶을 고대할 것이다.

더 깊은 묵상을 위한 질문

1. 그리스도인이 '그리스도 안에' 있다는 사실을 받아들이지 못하거나 이해하지 못할 때의 결과는 무엇일까?

2. '그리스도 없이', '그리스도와 함께' 그리고 '그리스도 안에' 있다는 의미를 간략하게 설명해보라. 그리고 당신의 현재 상태와 미래에 기대하는 바를 깊이 생각해보라.

3. 이 급진적이고 철저한 변화가 하나님의 능력에 의해 완성된다는 사실은 왜 그토록 중요한가? 그것이 무슨 차이를 낳는가?

4. "옛 것은 지나갔고 영원히 지나갔다. 새 것이 왔고 계속해서 오고 있다." 이 선포를 두 부분으로 나누어 간략하게 설명해보라.

5. 당신이 그리스도인이라고 고백한다면, 새로운 본성을 유지함에 있어서 당신이 자신에게서 발견하기 시작한 변화는 무엇인가?

6. 그리스도인의 삶에 있어 새로운 피조물이 된 것은 죄로 물든 옛 생활에 대해 어떤 효력을 갖는가?

모든 성도 중에 지극히 작은 자보다 더 작은 나에게 이 은혜를 주신 것은
측량할 수 없는 그리스도의 풍성함을 이방인에게 전하게 하시고

에베소서 3장 8절

3장

그리스도의 풍성함을 누리기

사도들은 더러 겸손한 경이로움 속에서 지냈던 것 같다. 그들이 하나님의 계시의 빛 안에서 구속이라는 보석의 다면적인 차원을 볼 때마다 그들이 감탄하며 외치는 "보라!"의 메아리가 성경 곳곳에 울려 퍼진다. 그리고 "능히 모든 성도와 함께 지식에 넘치는 그리스도의 사랑을 알고 그 너비와 길이와 높이와 깊이가 어떠함을 깨달아"(엡 3:18-19) 알 때마다 천사들의 찬송에 동참한다.

바울은 스스로를 영적인 불모지로 느끼는 한편, 하나님께서 자격 없는 자에게 자비를 베푸셨음을 인식했다. 이는 그를 그리스도인뿐만 아니라 (그의 경우에는) 그리스도의 사역자, 복음의 설교자로 만들어준 은혜에 대해 점점 더 큰 경외심을 갖게 했다. 바울은 자신을 작은 자로 여기고, 타인을 존중하며, 그리스도를 최고로 여긴다. 그는 심지어 자신에 대한 설교는 꿈조차 꾸지 않는다. 그는 자신에 대해서는 아무것도 할 말이 없다. 그는 '무엇'이 아니라 '누구'를 설교한다. 바울은 측량할 수 없는 그리스도의 풍성함을 이야기한다. "그리스도를 주목하라!"가 그의 모토다. 구원의 영광으로 빛나시는 그리스도가 그의 복음이다. 그가 에베소서를 쓴 것도 바로 이런 이유이며 이런 마음이다.

이러므로 그리스도 예수의 일로 너희 이방인을 위하여 갇힌 자 된 나 바울이 말하거니와 너희를 위하여 내게 주신 하나님의 그 은혜의 경륜을 너희가 들었을 터이라 곧 계시로 내게 비밀을 알게 하신 것은 내가 먼저 간단히 기록함과 같으니……

이는 이방인들이 복음으로 말미암아 그리스도 예수 안에서 함께 상속자가 되고 함께 지체가 되고 함께 약속에 참여하는 자가 됨이라 이 복음을 위하여 그의 능력이 역사하시는 대로 내게 주신 하나님의 은혜의 선물을 따라 내가 일꾼이 되었노라 모든 성도 중에 지극히 작은 자보다 더 작은 나에게 이 은혜를 주신 것은 측량할 수 없는 그리스도의 풍성함을 이방인에게 전하게 하시고(엡 3:1-3, 6-8).

존 뉴턴(John Newton)이 바울 시대에 찬송가를 지었다면, 바울은 기꺼이 "나 같은 죄인 살리신 주 은혜 놀라워!"라고 노래했을 것이다. 그는 "모든 성도 중에 지극히 작은 자보다 더 작은" 자였으나 그리스도를 전하라는 보내심을 받았다. 바울은 그리스도 예수 안에 있는 하나님의 은혜에 감탄하기를 결코 멈추지 않았고, 그의 영혼에는 복(하나님의 사람, 복음의 사역자가 되게 한 그 복)에 대한 현실감이 늘 살아있었다. 바울은 이를 표현했고 그 배후에 있는 실재를 느꼈다.

바울은 특히 그가 자신의 죄와 연약함과 반역과 무지(하나님께 대항하여 싸우던 모든 것)를 직면했을 때 받은 하나님의 은혜를 경외했다. 하나님은 그리스도 안에서 은혜를 보여주셨다. 그래서 측량할 수 없는 그리스도의 풍성함이 사도의 감사하는 마음으로부터 계속해서 솟아났다. 그리스도인이여, 은혜가 여전히 당신을 감탄하게 하는가? 당신은 바울이나 다른 설교자들처럼 이 부요함을 선포하라고 부르심을 받지는 않았을지 모르지만, 그럼에도 당신은 (만약 당신이 하나님의 자녀라면) 그 부요함을 받았고, 그래서 그것을 알아야 하고 누려야 한다.

영광스런 풍성함에 관한 설명

바울은 이 풍성함을 측량할 수 없다고 묘사한다. (우리는 시작하기도 전에 패배했지만, 그래도 명예로운 패배다.) 사도에 의하면, 이 풍성함은 발자취가 없다. 너무 광대해서 측정될 수 없고 너무 깊어서 헤아릴 수 없는, 미지의 풍경이요 미답의 바다다.

바울은 그리스도 예수 안에 있는 하나님의 선하심에 대한 계시가 결코 경이로움을 파괴하지 않는다고 분명히 밝힌다. 오히려 경이로움을 창조한다. 만약 당신이 예수님에 대해 충분히 배웠으니 이제는 친밀해지기를 시작해야겠다고 생각한다면, 당신은 마땅히 배워야 할 방식대로 예수님을 배우고 있지 못한 것이다. 바울은 더 많이 알면 알수록 자신이 모른다는 사실을 더욱 깨닫는다. 더 가까이 가면 갈수록 더욱 멀리 있다고 느낀다. 더 간절히 바라면 바랄수록 더욱 많이 알게 되고, 더 많이 알면 알수록 알아야 할 게 얼마나 많은지를 더욱 깨닫는다. 그리고 알아야 할 것을 전부 다 아는 것이 절대 불가능하다는 사실과 예수 그리스도 안에서 발견되는 풍성함의 광대함을 결코 측량할 수 없다는 사실에 더욱 감사하게 된다.

바울의 가장 높은 생각은 너무 낮고, 그의 가장 달콤한 말은 너무 쓰며, 그의 가장 깊은 통찰력과 표현력은 너무 얕고, 그의 가장 넓은 시야는 이 임무에는 너무 제한적이다. 그런 의미에서 그의 능력은 구주이신 그리스도 안에서 발견되는 측량할 수 없는 풍성함, 주 예수님에 관해 계시된 진리에 의해 패배당했다. 사도 바울과 같이 그런 날카로운 통찰력과 심오한 사고와 폭넓은 상상력을 가진 사람에게도 그것이 사실이라면, 당신과 나에게는 얼마나 더 사실이겠는가?

이 풍성함이 측량될 수 없다는 사실은 우리가 그것을 탐색해서는 안 된다는 뜻이 아니다. 우리가 아무리 탐색해도 결코 그 끝에 닿을 수 없다는 뜻이다. 그리스도는 마치 수없이 많은 방이 있는 궁궐과 같다. 각 방은 빛나는 보물로 가득하고, 각 보물은 엄청난 가치와 아름다움을 가졌다. 그래서 우리가 어느 방에든 다시 들어가게 되면, 그 방은 수천 개의 방 중 하나일 뿐인데도 거기 있는 보물 중에 무엇 하나 파악하지 못하고 있음을 깨닫는다. 언제나 발견될 게 더 있다고, 언제나 찾아내야 할 가치가 더 있다고 확신한 채 우리는 탐색한다.

이 풍성함에는 무엇이 있을까?

첫째, 예수 그리스도의 '측량할 수 없는 사랑'에서 시작해보자. 바울은 그 사랑 안에서 기뻐하며 하나님께서 "창세 전에 그리스도 안에서 우리를 택하사 우리로 사랑 안에서 그 앞에 거룩하고 흠이 없게 하"셨다고 말한다(엡 1:4). "긍휼이 풍성하신 하나님이 우리를 사랑하신 그 큰 사랑을 인하여"(엡 2:4)라는 구절에서 보듯이, 그는 우리를 향한 성부 하나님의 의도와 행위의 근거를 그분의 넘치는 사랑에 둔다. 그는 성도들이 "[그리스도의 사랑의] 그 너비와 길이와 높이와 깊이가 어떠함을 깨달아 하나님의 모든 충만하신 것으로 너희에게 충만하게 하시기"를 기도한다(엡 3:19). 그것은 선택하신 사랑, 곧 우리 안에 선택받을 만한 가치가 전혀 없을 때에 우리를 선택하신 사랑이다. 바다 같이 넓은 사랑, 맹렬한 인자하심이다. 전혀 거룩하지 않은 자들을 구원의 권능으로 품으시는, 지극히 거룩하신 분에게서 나오는 사랑이다. 골고다의 십자가, 곧 사랑하는 자들을 사랑하신 그분의 끔찍하고 고통스러운 죽음으로 증명된 사랑이다. 그 사랑의 위대함은 아들을 주신 아버지의 사랑 안에, 그리고 아직 죄인인 자들을 위해 자기 자신을 버리신 그 아들의 사랑 안에 새겨져 있다.

둘째, 그리스도 안에서 하나님께로부터 오는 '측량할 수 없는 은혜'가 있다. 모든 구원은 "그가 사랑하시는 자 안에서 우리에게 거저 주시는 바 그의 은혜의 영광을 찬송하게 하려는 것"(엡 1:6)이다. 우리는 "그리스도 예수 안에서 우리에게 자비하심으로써 그 은혜의 지극히 풍성함을 오는 여러 세대에 나타내"도록(엡 2:7) 그리스도 안에서 거룩하게 되었다. 경건하지 않은 자들을 향한 하나님의 값없는 호의의 깊이를 누가 헤아릴 수 있겠는가? 가장 무가치한 대상에게 최고의 복을 베푸신, 죄의 격차를 뛰어넘은 은혜다.

셋째, 그리스도 안에서 '측량할 수 없는 용서'가 있다. "우리는 그리스도 안에서 그의 은혜의 풍성함을 따라 그의 피로 말미암아 속량 곧 죄 사함을 받았"다(엡 1:7). 새뮤얼 데이비스(Samuel Davies)는 이렇게 노래한다.

> 씻기지 않을 죄를 용서하셨네.
> 예수의 피로 봉인된 용서라네.[1]

그리스도 예수 안에 가장 극악한 죄와 죄인에 대한 용서가 있다. 가장 더러운 불량배를 "눈이 정결하시므로 악을 차마 보지 못하시며 패역을 차마 보지 못하시"는(합 1:13) 하나님의 눈앞에 온전히 깨끗한 자로 보이게 만드는 피가 있다.

넷째, 그리스도 안에서 '측량할 수 없는 지혜'가 있다. "우리는 그리스도 안에서 그의 은혜의 풍성함을 따라 그의 피로 말미암아 속량 곧 죄 사함을 받았느니라 이는 그가 모든 지혜와 총명을 우리에게 넘치게

---

[1] Samuel Davies, "Great God of Wonders! All Thy Ways."

하사"(엡 1:7-8). 당신이 어떤 각도에서 어떤 관점으로 하나님의 구원 계획과 그 집행과 분배(distribution)와 우리의 현재 경험을 바라보든, 그리스도 안에 있는 측량할 수 없는 지혜의 풍성함은 그 은혜의 풍성함을 모든 사람에게 지시하고 안내하고 제공한다.

다섯째, 그리스도 안에서 '측량할 수 없는 능력'이 있다. "그 뜻의 비밀을 우리에게 알리신 것이요 그의 기뻐하심을 따라 그리스도 안에서 때가 찬 경륜을 위하여 예정하신 것이니 하늘에 있는 것이나 땅에 있는 것이 다 그리스도 안에서 통일되게 하려 하심이라"(엡 1:9-10). 여기에 하나님의 말씀이라는 계시된 진리가 있다. 하나님의 확고한 목적이 있다. 바로 역사가 절정에 이를 때 예수 그리스도께서 그분 안에 하늘과 땅의 만물을 모으시리라는 것이다. "그의 힘의 위력으로 역사하심을 따라 믿는 우리에게 베푸신 능력의 지극히 크심이 어떠한 것을 너희로 알게 하시기를 구하노라 그의 능력이 그리스도 안에서 역사하사 죽은 자들 가운데서 다시 살리시고 하늘에서 자기의 오른편에 앉히사 모든 통치와 권세와 능력과 주권과 이 세상뿐 아니라 오는 세상에 일컫는 모든 이름 위에 뛰어나게 하시고"(엡 1:19-20). 부활의 능력이 믿는 자 안에서 역사한다. 영원부터 영원까지 하나님의 목적을 모두 성취하실 능력이다. 그리스도 안에서 주님께서 복 주리라고 작정하신 모든 자를 함께 하나 되게 하는 능력이다. 그리스도 예수 안에 있는 그 능력을 생각해보라. 그 능력에 의하여 인간은 결코 이해할 수 없는 아주 먼 미래를 바라보며 이 신령한 목적이 성취된다!

여섯째, 그리스도 예수 안에서 '측량할 수 없는 기쁨'이 있다. "모든 일을 그의 뜻의 결정대로 일하시는 이의 계획을 따라 우리가 예정을 입어 그 안에서 기업이 되었으니 이는 우리가 그리스도 안에서 전부터 바라던 그의 영광의 찬송이 되게 하려 하심이라"(엡 1:11-12). 그리스도 안에 있는 자들은 빛 안에서 성도의 기업의 기쁨, 곧 현재와 미래에 영원하고 흔들리지 않는 하나님 나라를 갖는 기쁨을 누린다. 그 기쁨은 용서받은 죄인으로서 하나님의 능력에 의해 계속해서 누리게 되는 사랑의 나라로 들어가는 기쁨이다.

일곱째, 그리스도 안에서 '측량할 수 없는 진리'가 있다. "그 안에서 너희도 진리의 말씀 곧 너희의 구원의 복음을 듣고 그 안에서 또한 믿어 약속의 성령으로 인치심을 받았으니"(엡 1:13). 바울은 말한다. 누구라서 그리스도 예수 안에서 복음의 경이로움을 평가할 수 있겠는가? 누구라서 그 값진 약속을 다 소진할 수 있겠는가? 누구라서 그리스도 안에서 영광의 하나님께 "예"와 "아멘"이 되신 빛나는 진리들, 곧 그리스도께서 자기 안에서 자기와 함께 가져오신 풍성한 삶에 대한 계시(고후 1:20)를 전부 이해할 수 있겠는가? "깊도다 하나님의 지혜와 지식의 풍성함이여, 그의 판단은 헤아리지 못할 것이며 그의 길은 찾지 못할 것이로다"(롬 11:33). 그분은 생명 샘이시요, 은혜와 진리가 충만하시다.

여덟째, 그리스도 안에서 '측량할 수 없는 확신'이 있다. "그 안에서 너희도 진리의 말씀 곧 너희의 구원의 복음을 듣고 그 안에서 또한 믿어 약속의 성령으로 인치심을 받았으니 이는 우리 기업의 보증이 되사 그 얻으신 것을 속량하시고 그의 영광을 찬송하게 하려 하심이라"(엡 1:13-14). 이는 그리스도의 사람에게 성령님께서 강력하게 행하시는 사역이다. 그리스도를 닮아감이 어디에서 오는가? 하나님을 향한 사랑이 어디에서 오는가? 천국 소망이 어디에서 오는가? 우리 기업의 보증이 되시는 성령님이 아니라면 말이다. 성령님은 그리스도를 소유하신 분이며, 또 그리스도께 소유되신 분으로, 우리를 인치심으로 우리에게 건축자의 서명, 소유주의 표시를 남기신다. 성령님의 내주하심은 하나님을 증언한다. "이것이 나의 일이며, 이들이 나의 백성이다. 내가 시작한 일을 내가 끝마칠 것이다."

아홉째, 그러므로 그리스도 안에서 '측량할 수 없는 소망'이 있다. "너희 마음의 눈을 밝히사 그의 부르심의 소망이 무엇이며 성도 안에서 그 기업의 영광의 풍성함이 무엇이며"(엡 1:18). 장차 올 것으로 인해 넘치는 기쁨이 있다. 일어날 일에 대한 달콤한 확신이 있다. 그리고 이 반짝이는 소망, 이 형언할 수 없는 영광이라는 확실한 미래, 모든 하나님의 자녀에게 주실 성도의 기업의 영광의 풍성함이 있다. 여전히 하나님의 자녀의 머리 위에 쏟아질 엄청난 선하심이 있다!

열째, 그리스도 안에 '측량할 수 없는 긍휼'이 있다. "긍휼이 풍성하신 하나님이 우리를 사랑하신 그 큰 사랑을 인하여"(엡 2:4). 이는 반역자들을 그 반역에서 돌이키게 하는 긍휼이다. 잃어버린 자의 절망적인 울부짖음을 듣고, 돌이키는 죄인을 끌어안으며, 죽은 자에게 생명을 부여하고, 버림받은 자에게 은사를 베푼다.

긍휼의 하나님은,

가난한 자를 진토에서 일으키시며
빈궁한 자를 거름더미에서 올리사
귀족들과 함께 앉게 하시며
영광의 자리를 차지하게 하시는도다(삼상 2:8).

바울은 에베소 교인들에게 보내는 편지에서 측량할 수 없는 그리스도의 풍성함 중 오직 '일부'만을 기록했다. 그는 표면을 긁었을 뿐이고, 표층에 놓인 다이아몬드 중 몇 개만을 주웠을 뿐이다. 그리스도의 의로우심, 수난, 선하심 등을 말할 수도 있겠지만, 사도는 그것들을 제대로 헤아릴 수 없을 거라고 말한다. 누구도 이 들판을 걸어본 적 없으며, 이 산을 올라본 적 없고, 이 골짜기를 여행한 적 없다. 아무도 이 미답의 바다를 그 깊이와 너비만큼 탐험해본 적 없고, 이 급류를 그 원천이신 주 예수 그리스도까지 추적해본 적 없다. 주 예수 그리스도는 그 자체로 놀라운 세계이시다! 측량할 수 없는 풍성함, 그 전부가 영광에 잠기고 신령한 빛으로 그려진다. 바울은 반복해서 말한다. 이 모든 것이 그분의 은혜의 영광을 찬송하게 하려 함이라고, 그리스도 안에서 하나님을 찬송하게 하려 함이라고, 하나님은 영광의 아버지이시고 그리스도는 영광의 주님이시라고, 그리스도 안에서 하나님에 대한 계시가 모두 신령한 위엄으로 빛난다고 말이다!

당신이 이에 대해 정말 많이 알고 있다고 생각할지라도, 그것은 고갈되지도 않았고 고갈될 수도 없다. 당신은 그것을 알기 시작하지도 못했다. 그 지식은 너무나 방대해서 그 끝에 다다를 수가 없다. 너무나 복잡해서 당신이 아무리 예리한 사고력으로 그것을 추적한다 해도, 또 이 하나님의 사역의 아름다움과 지혜를 아무리 조심스럽게 분별한다 해도, 그 끝에 도달하거나 그 전체를 통합할 수 없다. 당신은 한 걸음 뒤로 물러나 하나님의 구원 사역이라는 태피스트리(여러 가지 색실로 그림을 짜 넣은 직물-역주)를 그리스도 예수를 통해 다시 한번 응시해야 한다. 그리고는 "이것들은 측량할 수 없구나. 나는 그저 온전히 굴복한 채 경외하는 마음으로 여기에 엎드릴 뿐이구나"라고 말해야 한다. 당신에게 천 번의 삶이 주어진다면, 당신은 이것들을 이해하기 시작하는 데에만 천 번 이상이 필요할 것이다. 오직 영원만이 측량할 수 없는 그리스도의 풍성함을 찾아내기에 충분한 시간이다.

바울과 다른 사도들과 그들을 따랐던 자들은 2천 년이 넘도록 이 측량할 수 없는 풍성함을 탐험하며 선포해왔다. (성육신 전에 그것이 빛나는 것을 보기 시작한 자들도 있었다.) 2천 년 동안의 설교도 그리스도 안에서 발견된 풍성함의 가장 깊은 깊이와 가장 높은 높이를 파헤치지 못했다. 그 풍성함은 열심히 찾아졌고, 찾아지고 있고, 또 찾아질 것이다. 그러면서 측량할 수 없음을 증명하고 또 증명할 것이다. 하지만 모든 성도가 반드시 이해해야 할 것(모든 사람이 이해하기를 간절히 바라는 것)이 있는데, 이 측량할 수 없는 풍성함은 '그리스도 안에서' 모두 발견된다는 점이다.

영광스런 위격에 대한 설명

이 모두가 그리스도 안에서, 오직 그분 안에서만 발견된다. 그것이 단순히 '그리스도로부터' 혹은 '그리스도를 통해' 오는 측량할 수 없는 풍성함이 아님을 주목하라. 그것은 '그리스도 안에서' 측량할 수 없는 풍성함이다. "하나님 곧 우리 주 예수 그리스도의 아버지께서 **그리스도 안에서** 하늘에 속한 모든 신령한 복을 우리에게 주시되"(엡 1:3, 강조는 저자 추가). 하나님께서 우리를 그리스도 안에 두신다는 것은 우리를 그리스도 및 그분께 속한 모든 것과 함께 연합시킨다는 뜻이다. 이 측량할 수 없는 풍성함은 바로 그 보물, 하늘에 속한 모든 신령한 복으로서 오직 그리스도 안에서만 발견된다. 그분 자체가 보물이자 금고다. 그분 자체가 선물이자 수여자다. 은혜와 그 은혜의 수여자가 서로 분리될 수 없다. 이 진리는 알려져 있고 또 누려지고 있다. 그분이 계시이자 모든 구원의 복의 보고(寶庫)다. 우리가 마시는 물줄기가 그 샘으로부터 흘러나오고 그 샘에 속해있다. 그 물줄기는 그리스도의 풍성함이기 때문에 측량할 수 없다. 그래서 그 물줄기는 불가해한 성격을 띤다.

참된 신성

이것이 가능한 이유는 그리스도께서 참된 신성을 소유하시기 때문이다. 그분은 무한하시고, 불변하시며, 영원하신 하나님이시다. 이 속성들은 그리스도 안에 알려졌을 뿐 아니라, 우리가 그리스도를 알아가며 경험하게 되고, 또 온전한 신성 그 자체로서 우리에게 온다. 그리스도께 속한 사랑은 신성한 사랑이다. 그리스도께 속한 용서는 신성한 용서다. 그리스도께 속한 은혜는 신성한 은혜이고 지혜와 능력은 전지전능하신 하나님, 모든 것을 아시고 모든 것을 행하실 수 있는 분의 지혜와 능력이다.

청교도 스티븐 차녹(Stephen Charnock)은 하나님의 지식을 논하며, 하나님은 단지 그분이 행하신 일만을 아시는 게 아니라 그분의 무한한 능력이 성취하실 수 있는 모든 일을 아신다는 사실을 상기시킨다. 뿐만 아니라 그분의 무한한 지식이 이해할 수 있는 모든 것이, 그분이 바란다면 수행하실 수 있는 그분의 능력 안에 놓여 있음도 상기시킨다. 하나님은 우리도 아는 것을 그저 완벽하게 아시는 것이 아니다. 하나님은 그분에 관해 알려질 수 있는 모든 것을 아시고, 과거 현재 미래에 일어날 수 있는 모든 일을 아시며, 그분의 지식의 범위 안에서 그분이 기뻐하는 대로 행할 수 있으시다. 만약 하나님이 그것을 아신다면, 그것을 하실 수 있다. 만약 하나님이 그것을 하실 수 있다면, 그것을 아실 수 있다.[2] 하나님 안에는 제한이 없다. 한계가 없다. 경계가 없다. 그리고 그리스도는 하나님이시다. 이 두 분은 참으로 신성한 풍성함이시다!

---

2) Stephen Charnock, *The Existence and Attributes of God*, in T*he Works of Stephen Charnock* (Edinburgh: Banner of Truth, 2010), 1:467-69. (『하나님의 존재와 속성』, 부흥과개혁사).

참된 인성

그런데 그분의 참된 신성에 참된 인성이 이어진다. 그분은 우리 앞에 기름부음 받은 자로 서시기 때문이다. 이 풍성함은, 부분적으로는 측량할 수 없다. 왜냐하면 그 풍성함이 이 세상이라는 작업장에서, 그분의 육체라는 모루 위에서, 궁극적으로는 십자가라는 망치 아래에서 이루어졌기 때문이다. 우리가 이것들(이 사랑과 지혜와 능력)을 이해해야 한다면, 그렇다면 우리는 우리를 사랑하셨기 때문에 인간이 되셔서 스스로 육체와 피를 취하신 하나님 안에서 그것들을 이해해야 한다. 이것이 바로 우리가 다음과 같이 노래하는 이유다.

오 비할 데 없는 겸손을
영원하신 하나님이 보여주시네.
우리의 최고의 관심을
그분의 무한한 사역과 방법에 돌리신다네.[3]

하나님께서 그리스도 예수의 풍성함의 깊이와 영광과 광대함과 기이함을 우리에게 보여주신 방법 중에 이 불가해한 일, 곧 자신을 낮추신 일에 비길 만한 것이 없다. 진정한 신성과 진정한 인성 사이의 어마어마한 간격을 건너셨고, 인간의 모양을 입고 종이 되셨다. 우리가 이 구

3] William Gadsby, "O What Matchless Condescension."

원의 복을 아는 것은 인간이 되신 하나님 안에서다. 그분이 허리를 숙이신 그 낮아지심과 '우리를 위해' 인간이 되신 그 사실의 깊이는, 우리에게 "내가 어떻게 이 상황의 진실을 알아낼 수 있을까? 내가 어떻게 이것을 이끌어낸 사랑을 이해할 수 있을까? 내가 어떻게 성육신하신 아들에 의해 열린 그 기이한 용서를 파악할 수 있을까?"라는 질문에 답하라고 요구한다.

참된 고통

하지만 그분이 겪으신 참된 고통도 잊지 말자. 이 구원은 심판의 망치질을 당하고, 고통의 용광로에서 주조되었다. 이 '측량할 수 없는 풍성함'이라는 보석은 그리스도의 깊은 슬픔에서 파내어온 것이다. 그분의 십자가에 버려짐, 사람들로부터의 고립, 그리고 하나님께 버림 받음이라는 암흑에서 나왔다. "나의 하나님, 나의 하나님, 어찌하여 나를 버리셨나이까"(마 27:46). 이것이 바로 당신의 구원이 얻어진 곳이다.

우리는 지불된 값을 이해하기 시작할 때에야 비로소 받은 복을 이해하기 시작할 것이다. 누가 그리스도께서 가신 그 깊이까지 갈 수 있겠는가? 누가 그분만큼 강도 높은 고통을 겪을 수 있겠는가? 우리가 더 이상 쫓겨나지 않고 받아들여지도록 예수님께서 지불하신 값을 누가 이해할 수 있겠는가? 이 신인(神人)이 겪으셨던 육체와 영혼의 고통을 누가 평가할 수 있겠는가? 그분이 나무 위에서 자신의 육체로 자기 백성이 당해야 할 모든 고통을 감당하셨다. 하나님의 진노를 모두 소진시키셨고 선택받은 자들이 당해야 할 지옥을 스스로에게 지우셨다. 그분은 손과 머리와 옆구리와 발에 못과 가시관과 창으로 사랑하는 자들의 이름을 새기셨다. 지성소로 들어가는 옛 대제사장처럼 그들 하나하나가 그분의 마음에 새겨졌다.

그분은 우리의 제물과 대표로서 거기에 가신다. 하나님의 진노의 불이 그분 위에 내려오고, 하나님의 심판의 망치가 그분 위에 떨어진다. 그리고 그리스도께서, 그날의 어두움과 그분의 영혼의 어두움 속에서 오직 예수님만이 이해하고 경험할 수 있는 깊은 고통, 아버지께 버림받은 고통을 호소하신다. 그제야 그분은 깊은 고통에서 다시 나아오신다. 자기 영혼을 놓아주시기 전에, 승리의 외침을 외치신다. "다 이루었다!"

이것이 바로 그 풍성함을 측량할 수 없는 이유다. 그리스도께서 걸어가신 길을 걸을 수 있을 때에야 비로소 당신은 구원의 복의 기이함이 그분 안에서 발견된다는 사실을 인정할 수 있다. 여기서 우리는 참된 고통(우리의 구속의 복의 값을 지불하신 고통) 속에서 참된 신성(그분은 하나님이시다)과 참된 인성(그분은 인간이 되셨다)을 발견한다.

참된 영광

그리고 참된 영광이 있다. 그분은 지금 어디에 앉아 계시는가? 하늘 보좌 하나님의 우편에 앉아계신다. 그분이 앉으실 더 높은 자리가 없다. 거기에서 그분은 이러한 풍성함을 우리에게 주고 계시다. 그분이

이 소중한 것들을 캐내는 깊이를 우리가 이해할 수 없듯이, 그것이 주어지는 높이도 우리는 측량할 수 없다. 그분은 통치하는 왕이시다. 그분의 원수들이 그분의 발등상이 되기까지 기다리신다. 성령님이 우리 위에 부어지는 곳이 바로 그곳이다. 장차 올 것을 미리 맛보고, 이것들을 확신하고 보장받게 해주는 분이 바로 성령님이시다. 손으로 만든 지성소가 아닌 그곳에서, 하나님의 백성은 그들을 위해 중보하시는 영원하신 위대한 대제사장을 갖는다. 하나님의 양 떼는 자기 양들을 매 순간 인도하는 목자를 갖는다. 그분의 부활의 영광 속에서 가장 높은 하늘로 오르신 이 동일한 그리스도는, 하나님이자 인간인 분의 사랑이라는 선물(선택된 백성에게 보내는 메시아의 자비)을 만들고 보내고 계시다.

당신은 이런 복을 예수 그리스도와 분리해서는 알 수가 없다. 그분 안에서 말고는 그 복을 발견할 수가 없다. 당신이 그리스도 안에 있기 전에는 그 복을 경험할 수가 없다. 그분 없이는 그 복을 받을 수가 없다. 왜냐하면 그것이 측량할 수 없는 그리스도의 풍성함이고, 오직 그분께만 속했고 오직 그분 안에서만 발견되기 때문이다.

앞서 말했듯이 그분은 보물이요, 보고다. 당신은 그 상자를 열 수 없고, 그 보물을 꺼낼 수 없고, 그 보물을 쉽게 차지할 수 없다. 그 보물은 전시되어 그 자체로 빛이 난다. 요약하자면, 사랑과 용서와 진리와 능력과 소망과 긍휼은 그 자체로 아름답고 선하며 위대한 것들이 될 수 있다. 하지만 그것들이 그리스도 안에서 또 그리스도의 것으로 발견될 때에야 그것들은 측량할 수 없는 것이 되고, 구원을 위한 것이 된다. 그분 안에서 발견된다는 것은 그것들을 소유하게 된다는 것이다. 그것들이 그분께 속했기 때문에, 그리고 그분 안에서 발견되기 때문에 그것들은 인간의 이해를 초월한다. 그것들이 인간에게 복으로 주어지는 것은 그것들이 그분께 속했고, 그분 안에 있기 때문이다.

영광스런 신비에 대한 선포

메시아의 풍성함은 유대인인 죄인뿐만 아니라 이방인인 죄인을 위한 것이기도 하다. 에베소서에서 바울은 열방의 이방인에게 설교하고 (복음을 선포하고 있다) 이 설교의 내용을 기록도 한다. 그는 "[예수 그리스도로 말미암아] 영원부터 만물을 창조하신 하나님 속에 감추어졌던 비밀의 경륜"(엡 3:8-9)을 모두에게 알게 하려고 설교하고 있다.

왜 이것은 바울과, 또 그가 선 곳에 서고 그가 일한 곳에서 일한 자들에 의해 선포되고 있는 걸까? 왜 예수 그리스도 안에서 알려지게 된 걸까? 우리를 감질나게 하고 좌절시키기 위해서일까? 우리가 얻을 수 없기 때문에, 우리의 손이 닿을 수 없는 곳에 있기 때문에, 후회와 애도의 대상이 되게 하기 위해서일까? 존재하기는 하나 우리에게서 멀기 때문에 분노의 대상이 되게 하기 위해서일까?

측량할 수 없는 그리스도의 풍성함은 죄인들이 알고 받아 누리게 하기 위해 선포된다. 그 죄인들은 그들의 구원자이신 예수 그리스도의 무한한 자원 안에서 안식하려고 나아왔다. 그분은 타락한 백성들의 필요를 채우려는 바로 그 목적을 위해 주어진 분이시다. 그 자체로 정말 측량할 수가 없다!

> 악인은 그의 길을,
> 불의한 자는 그의 생각을 버리고
> 여호와께로 돌아오라
> 그리하면 그가 긍휼히 여기시리라
> 우리 하나님께로 돌아오라
> 그가 너그럽게 용서하시리라
>
> 이는 내 생각이 너희의 생각과 다르며
> 내 길은 너희의 길과 다름이니라
> 여호와의 말씀이니라
> 이는 하늘이 땅보다 높음 같이
> 내 길은 너희의 길보다 높으며
> 내 생각은 너희의 생각보다 높음이니라(사 55:7-9).

구원은 이 보물들이 예수 그리스도 안에 쌓이는 이유다. 하나님의 구원 목적은 신령한 보물과 보고가 선포되는 이유를 유일하게 설명해준다. 이 풍성함은 성육신하신 아들 안에 쌓이는데, 우리와 같은 죄인들이 찾고 얻을 수 있게 하기 위해서다. 영혼을 구원하고 만족시키는 모든 것이 주 그리스도 안에 있다. 이 측량할 수 없는 그리스도의 풍성함이 바로 선포된 복음이다. 이 풍성함은 그 자체로 죄인들에게 구원의 제안이 된다. 이 풍성함은 죄인들로 받게 하고자 선포되었다. 손에 닿지 않게 쌓아두기 위해서가 아니라, 철저히 더럽고 궁핍한 자들에 의해 온전히 받아지고 맛보아지고 끌어안아지고 취해지기 위해, 그런 목적으로 주어진다.

바울은 사실상 이렇게 말하는 것이다. "나는 모든 이에게 모든 것을 말해줄 수는 없습니다. 하지만 가능한 한 모든 이에게 내가 할 수 있는 모든 것을 말해줄 것입니다. 나는 이 측량할 수 없는 풍성함 중에서 내가 헤아릴 수 있는 모든 것을 내가 만날 이방인들에게 선포할 것입니다. 그래서 이 비밀의 경륜이 무엇인지를 그들에게 알게 할 것이며, 그들 역시 메시아이신 예수님의 영광스런 부요함을 소유하게 될 것입니다. 이것은 한계가 없는 자비입니다. 제한이 없는 복입니다. 그것들은 더 이상 특정 나라나 그룹에 속하지 않습니다. 이제는 온 세상에게 선포되고 있습니다. 그래서 온갖 죄인들이 각 자리에서 나아와 언제든지 그리스도 안에서만 발견되는 이 측량할 수 없는 풍성함을 소유하게(그저 아는 수준이 아니라 꽉 붙드는 수준까지) 됩니다."

그렇다면 복을 다른 데서 찾는 것은 얼마나 우스꽝스러운 일인가! 그리스도 안이 아닌 다른 곳에서 선한 것을 찾는 것이 얼마나 비참한 일인가? 당신은 이 세상의 거품과 싸구려 장신구 속에서 그런 영원한 기이함을 발견할 수 있겠는가? 당신이 아는 것 중에 이렇듯 정확하게 '측량할 수 없는 풍성함,' '헤아릴 수 없는 기이함'이라고 묘사될 만한 것이 있는가? 어떻게 이 세상의 먼지와 재를 그리스도의 황금빛 영광과 비교할 수 있겠는가? 이 세상이 제공할 수 있는 최고의 것(이 세상에는 분명 충분히 아름다운 것이 있다)은 죽어가는 사람의 손이 움켜쥔 사막의 모래와 같다. 그 대부분은 우리 손가락 사이로 빠져나가 버리고 (그 겉모양이 아무리 황금빛일지라도) 남겨진 것은 그저 모래일 뿐이다.

만약 당신이 이 세상 모래를 잔뜩 움켜쥐고 있다면, 당신은 항상 불만족할 것이다. 게다가 (설상가상으로) 당신은 영원히 잃어버린 자가 될 것이다. 이것은 자기의 복을 그리스도 밖에서 그리스도와 상관없이 추구하는 자들의 어리석음이요 비참함이다. 하지만 너무 많은 성도들 역시 혼동하고 실수하는 부분이기도 하다. 얼마나 많은 이들이 모래와 황금 가루를 혼동하는가? 얼마나 많은 이들이 우리의 보물을 이 땅에서 찾고 금과 모래를 섞으려 하는가? 얼마나 많은 이들이 황금이 손 닿을 곳에 있는데도 자기 손에 모래를 가득 움켜쥐려 하는가?

세상은 만족의 근원으로 여겨지지만 언제나 우리를 실망시킨다. 세상이 주는 최고의 보물은 더럽혀졌으며 사라져버린다. 믿음은 이생이 주는 것들 너머를 본다. 그리고 위에 있는 것들을 사모하게 한다. "믿음으로 모세는 장성하여 바로의 공주의 아들이라 칭함 받기를 거절하고 도리어 하나님의 백성과 함께 고난 받기를 잠시 죄악의 낙을 누리는 것보다 더 좋아하고 그리스도를 위하여 받는 수모를 애굽의 모든 보화보다 더 큰 재물로 여겼으니 이는 상 주심을 바라봄이라"(히 11:24-26).

그리스도 안에서 자기의 복을 추구하고 찾는 자들의 행복이 여기 있다. 우리의 복은 그리스도 안에서 하늘에 속한 영적인 복이다. 그 풍성함은 측량할 수 없지만, 이를 추구함은 얼마나 사랑스러운가! 그 풍성함은 추적할 수 없지만, 성경의 모든 페이지와 경험을 통해 그것을 추적하는 일은 얼마나 즐거운가! 그 풍성함은 발자취가 없지만, 그 끝없는 탐험의 여정이 얼마나 영광스러운가! 게다가 그 모두가 그리스도 예수 우리 주 안에 저장되어 있다. 그분은 저장고이시고, 그 안에 저장된 보물은 그분의 것이다. 당신이 그분을 소유할 때, 당신은 그분 안에 있는 모든 선한 것들을 그분과 함께 소유한다. 만약 당신이 그것들 중 일부를 소유하게 된다면, 오직 그것은 당신이 먼저 그분을 소유했기 때문이다.

게다가 그분은 여전히 값없이 제공된다. 나는 당신이 그분을 알게 되기를 소망한다. 그래서 당신이 측량할 수 없는 그리스도의 풍성함을 소유하는 복을 누리게 되면 좋겠다. 만약 당신이 아직 소유하지 못했다면, 그 풍성함은 당신이 받아 누릴 수 있도록 선포된다. 이 사실을 믿으라. 그리고 이를 받아들이기 위해 그리스도를 믿으라. 그 풍성함은 후회나 분노하기 위해서가 아니라 죄인들이 보고 알고 얻을 수 있도록 계시된다. 이해할 수 있도록 선포되기에 우리와 같은 죄인들이 바울처럼 겸손히 감탄하며 살아가게 한다.

당신도 그러한가? 은혜가 당신을 놀라게 하는가? 당신이 받아 마땅한 처우가 무엇인지 되풀이하여(꾸준하지는 않더라도) 깨닫게 되었는가? 하나님께서 그리스도 안에서 은혜로 주신 것을 깨닫게 되었는가? 당신(반역자, 죄인, 지옥에 가야 마땅한 불량배)은 우리 주 그리스도 예수의 측량할 수 없는 풍성함을 소유하게 되었는가? 그렇다면 당신의 삶에는, 하나님의 관용에 대한 경외심, 우리를 사랑하신 하나님을 향한 사랑, 우리에게 복을 주신 하나님 안에서의 기쁨, 지금만이 아니라 영원히 그분의 은혜의 영광에 대한 찬양이 나타날 것이다. 추적할 수 없고 측량할 수 없지만 실제적이고 놀라운 예수 그리스도의 풍성함을 점점 더 많이 끝없이 추적해갈 것이다.

　이런 풍성함을 어느 정도 붙잡지 못한 성도는 점점 침체될 것이다. 이 풍성함을 숙고하게 될 때까지 불은 타오르지 않는다. 우리의 새로운 정체성(그리스도의 비할 데 없는 아름다움과 영광을 소유한 자)을 이해하는 것은 그 새로운 정체성에 맞게 사는 삶에 있어서 매우 중요하다. 이 풍성함은 우리에게 받으라고 주어졌을 뿐 아니라, 곰곰이 생각하고 누리라고 주어진 것이기도 하다. "만물이 다 너희 것임이라 바울이나 아볼로나 게바나 세계나 생명이나 사망이나 지금 것이나 장래 것이나 다 너희의 것이요 너희는 그리스도의 것이요 그리스도는 하나님의 것이니라"(고전 3:21-23).

더 깊은 묵상을 위한 질문

1. 측량할 수 없는 그리스도의 풍성함이란 무엇인가? 그중에 당신에게 특히 소중한 것이 있는가? 그 이유는 무엇인가? 이번 장에서 나열한 목록에 당신이 추가하고 싶은 것을 추가해보라.

2. 이것이 다른 누군가가 아닌 '그리스도의' 측량할 수 없는 풍성함임을 이해하는 것이 왜 중요한가?

3. 신성, 인성, 고통, 영광은 측량할 수 없는 그리스도의 풍성함을 우리에게 시사해준다. 이 중에서 (만약 있다면) 당신이 그 깊이와 높이를 가장 잘 알고 있는 것은 무엇인가?

4. 주 하나님께서 예수 그리스도 안에 측량할 수 없는 풍성함을 쌓아놓으신 목적은 무엇인가? 그것이 우리와 같은 죄인들에게 의미하는 바가 무엇인가?

5. 세상의 덧없는 영광 중 당신이 그토록 매력적으로 여기는 것은 무엇인가? 어떻게 그것과 싸울 수 있는가?

6. 측량할 수 없는 그리스도의 풍성함을 이해하지 못한 그리스도인이 처한 위험은 무엇인가?

보라 아버지께서 어떠한 사랑을 우리에게 베푸사
하나님의 자녀라 일컬음을 받게 하셨는가,
우리가 그러하도다 그러므로 세상이 우리를 알지 못함은 그를 알지 못함이라

요한일서 3장 1절

4장

하나님의 자녀인 것을 알기

당신은 숨을 멎게 하는 무언가를 발견한 경험이 있는가? 산 정상에 올라 당신 앞에 펼쳐진 웅장한 풍경을 바라본 경험이었을지 모른다. 비행기를 타고 장엄한 미(美)의 곡선을 따라 산맥을 넘는 순간, 밖을 내려다본 풍경이었을지 모른다. 당신 품에 첫 아기를 안았을 때였는지도 모르겠다. 놀랍도록 용감한 이야기 혹은 비할 데 없는 희생 이야기일 수도 있겠다. 그것이 무엇이건, 그 순간은 그냥 지나치기에는 너무나 달콤하다. (그것이 무엇이건) 그 실체는 너무나 감탄스럽고 너무나 위엄이 있다. 잠시 멈추어 서지 않기에는, 혹은 아무 말도 하지 않은 채 지나가기에는 너무나 매혹적이다. 그것은 당신에게 멈추어 설 것을, 생각에 잠길 것을, 감탄할 것을 요구한다.

그런데 궁금하다. 당신은 하나님의 진리에 대해서도 그런 경험이 있는가? 영적인 진리에 매혹당해서 잠시 멈추어 경외할 수밖에 없다고 느낀 적이 있는가?

사도 요한은 하나님의 백성의 본질과 성격, 곧 은혜로 구원받은 모든 사람, 꾸준히 진실로 의로운 삶을 살라고 부르심 받은 사람은 모두 하나님께로부터 났다는 사실을 말할 때 그런 경험을 했다. 이 진리는 그의 복음서("영접하는 자 곧 그 이름을 믿는 자들에게는 하나님의 자녀가 되는 권세를 주셨으니 이는 혈통으로나 육정으로나 사람의 뜻으로 나지 아니하고 오직 하나님께로부터 난 자들이니라", 요 1:12-13)와 그의 첫 번째 서신서("보라 아버지께서 어떠한 사랑을 우리에게 베푸사 하나님의 자녀라 일컬음을 받게 하셨는가, 우리가 그러하도다 그러므로 세상이 우리를 알지 못함은 그를 알지 못함이라" 요일 3:1)에 기록되어 있다.

　사도 요한이 살면서 참 많은 경이로운 것들을 보았다는 사실을 기억하라. 그는 3년간 그리스도 옆에 살며, "예수께서 행하신 일이 이 외에도 많으니 만일 낱낱이 기록된다면 이 세상이라도 이 기록된 책을 두기에 부족할 줄 아노라"(요 21:25)라고 증언했다. 그는 주 예수님께서 수많은 기적들을 행하시는 것을 목격했다. 그는 주님께서 변화되신 모습으로 모세와 엘리야와 이 세상을 떠나시는 일에 대해 이야기하면서 그분의 위엄을 드러내셨을 때 그 산에 있었다. "그[예수님]가 사랑하시는 자"였던 이 제자는 그리스도께서 이 땅에서 마지막 식사를 하실 때 그 사랑하는 벗의 품에 의지하여 누웠고 그분의 다가올 제사를 증언했다(요 13:23). 그는 인자가 원수들에게 두들겨 맞는 것과 그분의 백성들에게 조롱당하는 것을 목격했다. 요한은 로마의 십자가 옆에 서서 성육신하신 하나님께서 흑암 중에 죽으시는 것을 보았고, 그분의 어머니를 형제에게 맡기듯 제자의 돌봄에 맡기시는 것을 보았다. 그와 베드로는 빈 무덤으로 달려갔고 예수님의 시체가 누워있어야 했던 곳을 들여다보았다. 그는 유대인들을 두려워하여 방문을 걸어 잠근 채 떨고 있었고 거기서 부활하신 주님을 얼굴 대 얼굴로 마주했다. 그는 갈릴리 바다 위에 있는 배 갑판에 서 있었고, 해변에서 들려오는 목소리를 들었으며, 말씀하시는 그분을 인생의 주님으로 인정했다. 그는 자기가 함께 걷고 말하던 이, 자기 몸을 의지하여 누웠던 이, 죽는 것과 다시 살아난 것을 자기가 직접 본 이가 하늘 보좌로 가실 때에 이 땅으로부터 몸이 들려 빛나는 구름 속으로 올라가신 것을 목격했다. 그분은 자기 백성을 그분과 함께 있게 하도록 영광 중에 다시 오실 때까지 위엄 있게 그곳에 좌정하실 것이다.

요한은 이 모든 것을 보고 경험하는 특권을 누렸음에도, 여전히 그의 숨을 가장 멎게 하는 것은 하나님께서 죄인들을 자기 아들이라 부를 정도로 사랑하셨다는 사실이다. 그는 이 경이로움에 사로잡혀 그 사실을 그리스도의 백성들과 함께 나누기 바랐다. "보라 아버지께서 어떠한 사랑을 우리에게 베푸사 하나님의 자녀라 일컬음을 받게 하셨는가"(요일 3:1).

주목하라

"보라!" 요한은 하나님께로부터 나는 것을 언급하면서 그 주제를 다만 지나칠 수 없었다. 자기만 멈춰서는 게 아니라 다른 이들도 함께 멈

취서기를 바랐다. 요한은 우리가 이것을 놓치지 않도록 우리를 소리쳐 부른다. 그는 기쁨에 겨워 놀라운 탄성을 지른다.

요한은 우리에게 '주의 깊게 보라'고 요구한다. 그는 신자인 당신이 잠깐의 흥미로 흘낏 쳐다보는 것 이상을 하기를 원한다. 부지런히 공부하고 깊이 숙고하기를 요구한다. 이 문제에 대해 곰곰이 생각하고 우리가 관찰한 바에 대해 배우기를 원한다.

요한은 우리가 '자세히 보기'를 원한다. 우리는 이를 신속히 지나쳐서는 안 된다. 일단 그것을 본다면, 그것을 마셔야 한다. 그것을 보는 우리의 경험은 갈급한 사람이 깨끗한 물 근원을 만나는 경험과 같아야 한다. 한두 번 홀짝이는 것은 충분하지 않다. 거기에 자신을 흠뻑 담그고 포화상태가 될 때까지 벌컥벌컥 들이켜야 한다. 요한은 당신이 여기에 시선을 고정시키고 그것이 당신의 영혼을 관통할 때까지 묵상하기를 원한다. 그는 당신이 이 진리를 당신의 마음과 생각에 새길 것을 요구한다. 그래서 이것들을 항상 바라보고 묵상하기를 원한다.

스위스의 유명한 어류학자 루이 아가시(Louis Agassiz)의 학생인 새뮤얼 스쿠더(Samuel Scudder)가 남긴 일화다. 여느 때처럼 아가시는 스쿠더에게 해뮬런(haemulon)이라는 물고기를 말 없이 관찰하라는 간단하면서도 특이한 지시를 내렸다. 스쿠더는 이따금 질문을 던지는 것 말고는 계속해서 그 물고기를 관찰했다. 그가 새롭게 관찰한 내용을 제출할 때마다 아가시는 기뻐했지만 만족해하지는 않았고 같은 지시를 들려서 돌려보냈다. 스쿠더는 그 과정을 이렇게 기록한다.

"좋아, 좋아!" 그가 반복해서 말했다. "그렇지만 그게 전부는 아니네. 계속 관찰하게나." 그 후로 3일 동안이나 그는 내 눈 앞에 그 물고기를 두었다. 다른 건 절대 쳐다보지 못하게 했다. 다른 인공적인 도움도 절대 받지 못하게 했다. "보고, 보고, 또 보게나." 똑같이 반복되는 그의 명령이었다.

이것은 내가 경험했던 최고의 곤충학 수업이었다. (그 영향력은 이후의 모든 연구의 디테일에까지 확장되었다.) 이 경험이야말로 그 교수님이 나를 포함한 많은 학생들에게 남겨준 헤아릴 수 없는 가치를 지닌 유산, 돈을 주고도 살 수 없고 포기할 수도 없는 유산이었다.[1]

아가시는 이 강렬하고도 거의 강박적인 방법을 통해 스쿠더에게 관찰하는 법을 가르쳤다. 사도 요한이 하나님의 자녀에게 요구하는 것도 바로 이 관찰이다. "보고, 보고, 또 보게나"라는 지시는 보는 법을 배울 때까지, 보게 될 때까지, 그것이 당신의 의식세계에 각인되어 결코 당신을 떠나지 않을 때까지, 관찰을 멈추지 말라는 뜻이다.

성경이 우리에게 세심한 주의를 기울이라고 요구하는 것들을 그저 스치듯이 보는 것에 죄책감을 느끼는 그리스도인이 과연 얼마나 될까! 우리는 관찰하는 법을 배우는 데 얼마나 더디며, 얼마나 부주의한지,

---

[1] Samuel H. Scudder, "In the Laboratory with Agassiz," *Every Saturday: A Journal of Choice Reading* (April 4, 1874), http://grammar.about.com/od/classicessays/a/Look-At-Your-Fish-By-Samuel-H-Scudder.htm.

그래서 우리의 하늘 아버지께서 우리에게 의도하신 복을 얼마나 놓치고 있는지! 성령님께서 당신의 선생님이 되고 당신을 돕는 분이 되실 때, 당신의 얕음에서 벗어나게 될 것이 두려운가? 혹은 하나님의 깊은 진리를 완전히 터득했다는 성급한 확신에 빠져 교만해지지는 않았는가? 요한은 그가 우리에게 주목하라고 요구하는 것들에 대해 여전히 놀라워했다. 그런 사도가 당신에게 멈춰서 관찰해보라고 요구한다면, 그렇다면 그러지 않는 것이야말로 어리석음의 극치가 아니겠는가?

어떠한 사랑인지 주목하라

다행히도 사도 요한은 아가시 교수보다는 조금 더 자비롭다. 그 스위스 학자가 스쿠더에게 그냥 보라고 말했던 반면, 사랑하는 사도는 우리에게 어떤 특별한 지시를 준다. "보라, 아버지께서 어떠한 사랑을 우리에게 베푸셨는지!"

이러한 요한의 언어는 성경에서 누군가가 무언가에 놀라서 자유롭게 경이로움과 놀라움을 표현할 때 사용된다. 예를 들어, 누가복음 1장에서 천사가 마리아에게 일상적이지 않은 말로 인사한 후에 발견된다. "은혜를 받은 자여 평안할지어다 주께서 너와 함께 하시도다"(28절). 마리아는 천사의 말에 놀라 "**이런 인사**가 어찌함인가 생각"했다(눅 1:29, 강조는 저자 추가). 천사가 그녀에게 준 귀중하고 구별된 칭호가 마리아를 잠시 생각에 잠기게 했다.

우리는 누가복음의 다른 장면에서 이 표현을 다시 한 번 마주친다. 그리스도께서 바리새인의 집에서 식사하실 때 그 성읍에서 평판이 나쁜 한 여자가 향유 옥합을 가져와서 그리스도의 발아래 엎드려 흐느끼면서 자기 눈물로 그분의 발을 씻어내고 자기 머리카락으로 닦아냈다. 그리고 그분의 발에 입을 맞추고 향유를 부었다. "예수를 청한 바리새인이 그것을 보고 마음에 이르되 이 사람이 만일 선지자라면 자기를 만지는 이 여자가 누구며 **어떠한 자** 곧 죄인인 줄을 알았으리라 하거늘"(눅 7:39, 강조는 저자 추가). 다시 여기에는 바리새인이 예수님이 그것을 알았더라면 그도 놀랐을 거라고 주장하는 독특한 무언가가 있다. 베드로는 성도의 성품에 관해 말하면서 똑같은 표현을 사용한다.

> 그러나 주의 날이 도둑 같이 오리니 그 날에는 하늘이 큰 소리로 떠나가고 물질이 뜨거운 불에 풀어지고 땅과 그 중에 있는 모든 일이 드러나리로다 이 모든 것이 이렇게 풀어지리니 너희가 **어떠한 사람**이 되어야 마땅하냐 거룩한 행실과 경건함으로 하나님의 날이 임하기를 바라보고 간절히 사모하라 그 날에 하늘이 불에 타서 풀어지고 물질이 뜨거운 불에 녹아지려니와(벧후 3:10-12, 강조는 저자 추가).

다시 우리의 관심을 끄는 이 표현은 여기서 우리가 주목할 만한 독특하고 특이한 성품을 강조한다. 이 표현은 기이하다고 여겨지는 것에 사용될 때가 많다. 우리는 그리스도께서 바람과 파도를 잠재우실 때

제자들이 이 표현을 사용하는 것을 발견한다. "그 사람들이 놀랍게 여겨 이르되 이이가 **어떠한 사람**이기에 바람과 바다도 순종하는가 하더라"(마 8:27, 강조는 저자 추가). 여기서 요한이 전달하려 했던 것은, 독특하고 기이한 탁월함에 대한 놀라움이다. 사도는 그가 묵상하고 있는 경이로운 영광을 우리도 느끼기를 바란다. 요한은 하나님의 사랑, 사랑 그 자체이신 하나님(요일 4:8)의 신성한 사랑에 주목한다. 고대에는 신들의 분노를 쉽게 이해했는데, 현대에는 "하나님은 사랑이시라"라는 말씀을 그분의 거룩과 조화시키지 못한다. 교회는 변덕스럽고 잔인한 하나님에 대한 주장, 감성적이고 줏대 없는 하나님에 대한 묘사와 맞서 싸워야 한다. 그리고 요한이 선 곳이 바로 여기다.

요한은 사랑은 정녕 성부 하나님께로부터 오는 것이라고 강조한다. 그분은 철저히 자격 없는 자들에게 넘치도록 선을 행하시는 하나님이시다. 사랑의 선물로서 자기의 독생자를 주심으로써 그들과 친밀한 관계를 세우는 분이시다. 이것은 사랑이 많으신 선하신 하나님의 무한한 마음으로부터 흘러나오는 측량할 수 없는 사랑이다. 해안 없는 바다이고 국경 없는 왕국이다.

첫째, 이 사랑은 '영원불변하다.' 하나님이 그 사랑을 **베푸셨다**. 영원한 선물이다. 이 세상 사랑은 전혀 믿을 수 없다. 세간의 주목을 받는 인사들은 자기의 사랑이 얼마나 위대한지를 떠벌리고 그것을 증명하려는 화려한 노력에 많은 돈을 아끼지 않지만, 결국 우리는 그 사랑이 공공연히 시들거나 죽어버리는 것을 본다. 몇 개월 만에, 심지어는 며

칠 만에 말이다. 몇 년이 가는 경우는 거의 없다. 현대 서구에서 그런 싸구려 과시가 우리로 하여금 사랑과 그 맹세를 평가절하하고 묵살하게 만든다.

그러나 하나님의 사랑은 자기 백성을 향해 흔들리지 않으며, 그분의 확고한 성향이라고 요한은 밝힌다. 하나님의 이 사랑은 흠잡을 데 없다. 변치 않는다. 부침(浮沈)이 없고 불화도 없다. 결코 희미해지거나 사라지지 않는다. 이 사랑은 결코 약해지지 않고 하나님처럼 확실하고 변함이 없다. 언제나 일정하다. 그리스도인이 하나님께 받는 사랑이 결코 더해지지도 덜해지지도 않는다는 사실을 생각해보라. 하나님의 자녀를 향한 그분의 근본적인 성향은 결코 변하지 않는다. 우리는 하루는 아들이었다가 다음 날에는 보다 낮은 수준으로 격하되지 않는다. 우리를 아들로 삼은 그 사랑이 변하지 않기 때문이다. 그러므로 우리의 지위는 보장된다. 우리는 언제나 아들이고 또 아들이어야만 한다. 그리고 시간이 멈추고 영원이 저문다 해도 우리는 아들일 것이다.

둘째, 이 사랑은 '풍성하고 끝없다.' 무한을 측량할 수 있다면, 하나님의 마음의 너비와 깊이로 그 사랑이 측량될 게 틀림없다. 그것은 진실로 선물이다. 꾸며낸 동작이나 설명된 개념이 아니다. 요한은 금고에서 보석을 꺼내 우리 눈앞에 펼쳐놓고 그 아름다움으로 우리를 감질나게 하고는 다시 가져가 금고에 집어넣지 않는다. 오히려 그는 우리가 우리 손에 쥐어진 그 보석을 우리의 소유로 보고 평가하기를 원한다. 이것은 우리 앞에 펼쳐진 무언가가 아니라 우리에게 주어진 무언가다. 하나님은 그 사랑을 멀리서 우리에게 보여주시는 것이 아니다. 그분의 백성은 그 사랑을 진실로 내재적으로 안다. 그 사랑은 하늘의 하나님께서 죄의 바다를 건너오셔서 우리를 아들로 부르신 사랑이다.

다시 말하지만, 우리가 이 사랑 밖에 있거나 너머에 있는 것은 불가능하다. 철저히 자격 없는 우리를 찾아내시기 위해 그분이 얼마나 멀리 오셨는지, 그리고 우리에게 얼마나 많은 것을 주셨는지를 생각할 때 이 사랑은 풍성하다. 만약 내가 나를 사랑하는 내 아들을 사랑한다면, 그것은 상대적으로 작은 일이다. 하지만 만약 내가 반역자(내게 악을 행하고 나를 모욕하고 나를 증오하는 나의 원수)에게 가서 그를 내 아들로 삼는다면, 이것은 사랑받는 자 안에서 정말 많은 것을 회복시키고 저주받아 마땅한 그를 정녕 복된 자로 만들어준다는 점에서 참 사랑이다. 그렇다면 이스라엘의 거룩하신 분께서 본질상 진노의 자녀인 자들을 자기에게로 이끄셔서 그들을 빛의 자녀로 만드실 때에는 얼마나 더욱 그러하겠는가?

셋째, 이 사랑은 '압도적이며 우리로서는 받을 자격이 없다.' 우리는 이를 이중으로 명확히 할 가치가 있다. 형제자매들이여, 이 사랑은 '선물'이다. 오직 은혜의 문제다. 베풀어진 것이다. 돈 주고 사거나 힘들여 얻어낸 것이 아니라 값없이 주어진 것이다. 이 사랑은 반역자를 데려가서 그를 용서하지 않거나 그를 가족 구성원에서 내보내거나 거리를 두지 않는다. 반역자를 받아들여 그를 사면한 후에 종으로 삼는 것도 아니다. 종이 특권을 누릴 수는 있겠지만 상속자는 되지 못한다. 게다가 그가 만약 종이라면 그는 그저 종일뿐이다. 그가 완벽하게 살고 섬긴다 해도 그것이 그의 본성이나 지위를 바꾸지 않는다. 그는 아들이 될 자격에는 결코 다가갈 수 없을 것이다. 하지만 하나님의 사랑은 반역자를 받아들이고 그를 아들이자 상속자로 만든다. 누구라서 이것을 받을 자격이 있겠는가? 누구라서 하늘의 왕자라는 직함을 받을 수 있겠는가? 그럼에도 그것이 바로 요한이 그토록 강력하게 이해시키기 원하는 내용이다.

하나님이 사랑으로 낳으셨다

요한은 이 사랑에 대한 표현을 언급하고 설명하면서 우리를 그 경이로운 일의 핵심으로 데려간다. 이 사랑은 다만 겉만 훑고 관통하지 못하는 이론이 아니다. 오히려 이 사랑은 그것이 가닿은 대상에게 깊고 영원한 영향력을 미친다. 상상할 수 있는 가장 급진적인 방법으로 그 사람을 변화시킨다. 요한의 언어는 우리의 새로운 지위를 강조한다. **"하나님의 자녀**라 일컬음을 받게 하셨는가."

하나님의 자녀라니! 요한의 다른 글에도 비슷한 개념이 있다. "영접하는 자 곧 그 이름을 믿는 자들에게는 하나님의 자녀가 되는 권세를 주셨으니 이는 혈통으로나 육정으로나 사람의 뜻으로 나지 아니하고 오직 하나님께로부터 난 자들이니라"(요 1:12-13). 이 주장을 논리적으로 전개하던 요한은 그 경이로움에 잠시 멈출 수밖에 없었다. "너희가 그가 의로우신 줄을 알면 의를 행하는 자마다 그에게서 난 줄을 알리라"(요일 2:29). 우리는 하나님께로부터 난다! 우리는 위로부터 난 자다! 그것은 마치 야고보의 언어와도 같다. "그가 그 피조물 중에 우리로 한 첫 열매가 되게 하시려고 자기의 뜻을 따라 진리의 말씀으로 우리를 낳으셨느니라"(약 1:18). 이 확정적이고 확고한 사랑에 의해, 하나님의 뜻을 따라 하나님이 우리를 낳으셨다!

우리는 요한이 우리의 직함이 아닌, 우리의 성품에 대해 말하고 있음을 알아야 한다. 요한은 다만 우리가 하나님의 양자 된 일이 아닌, 우리의 중생에 대해 말하고 있다. 달리 말하자면 우리의 이름이 아닌, 우리의 본성을 먼저 언급한 것이다. 왜냐하면 새로운 이름은 새로운 본성에 대한 응답으로 주어지기 때문이다. 당신은 나를 (부자, 미남, 교사 등) 수많은 이름으로 부를 수 있다. 하지만 이름표는 그 엄숙한 실재를 바꾸지 못한다! 그런데 우리는 하나님의 자녀**다**. 우리는 하나님의 가족의 구성원이 되었다. 그리고 거기에 걸맞은 수준의 신령한 본성을 부여받았다.

우리는 하나님과 함께하는 자다. 이 말은 우리가 신이 되었다는 뜻이 아니다. 우리는 의를 행하는 자로서 하나님께로부터 나서 하나님과 함께하며, 작지만 점차 실제적인 방식으로 하나님을 닮아간다. "신성한 성품에 참여하는 자"(벧후 1:4)인 것이다. 전 인류에게 혁명이 일어났고 이로 인해 의를 행하는 것이 우리의 본성이 되었다. 하나님의 독생하신 아들이신 예수 그리스도께서 우리를 우리 죄로부터 구원하러 오셨다. 거룩하신 하나님의 영께서 우리를 새롭게 하시고 우리 안에 거하신다. 그래서 이제 우리는 하나님의 자녀**다**. 그분의 일을 하고, 그분의 뜻을 따르며, 그분의 길을 걷고, 점차 참된 경건을 보여준다.

그렇다면 이런 복이 누구에게 주어지는가? 이런 본성이 누구에게 베풀어지는가? 누구에게 "하나님의 자녀라 일컬음을 받게 하셨는가." 이 표현에는 하나님께서 우리에게 이 선물을 주셨다는 사실에, 이 견줄 수 없고 변화시키는 사랑을 '우리'에게 주셨다는 사실에, '우리'가 하나님의 자녀라 불려야 한다는 사실에 경탄하는 어조가 있다. 어떤가? 이 책을 내려놓고 기쁨에 겨워 뛰어오르고 싶지 않은가? 그렇다면 그렇게 하라! 이 새로운 본성은 타락한 죄인들, 비참한 죄인들에게 주어졌다. 하나님의 복에 대해 어떠한 주장도 할 수 없던 자들에게 주어졌다. (그 스스로는) 하나님께로부터 그리고 하나님의 모든 선하심으로부터 철저하게 버림받은 채 살고 죽었을 사람들에게 주어졌다.

우리는 피조물이다. 그저 피조된 존재다. 그럼에도 하나님의 자녀라 일컬음을 받는다. 게다가, 불행히도, 우리는 죄를 짓는 피조물이다. 본질상 진노의 자녀이고, 죄의 상속자이며, 죄책을 지고 있고, 저주 아래 있으며, 영적인 흑암이 우리의 특징이다. 습관상 우리는 타락, 불순종, 배은망덕, 반역을 행한다. 요한이 우리와 동행하면서 스스로를 어떻게 이해하는지에 주목하라. 요한은 자기를 사랑받은 자, 사도, 이 땅에서 주님의 가장 친한 친구였던 자로 본다. 하지만 그런 특권을 가졌다고, 그렇게 거룩하다고, 그렇게 고귀하다고 해서 이 사실에 직면하지 않아도 되는 사람은 아무도 없다. 그런데 '우리'는 하나님의 자녀라 일컬음을 받는다.

"하나님의 자녀라 **일컬음**을 받았다"는 사실을 숙고해보라. 이건 하나의 의견이 아니다. 사실이다. 하나님께서 우리를 그분의 자녀라고 일컬으신다. 사람들은 예수 그리스도의 교회를 조롱하고 멸시할지 모른다. 사탄은 살아계신 하나님의 백성을 공격하고 경멸할지 모른다. 하지만 우리 아버지께서는 우리를 바라보시고 '하나님의 자녀'를 우리의 영원하고 흔들리지 않은 본성이자 지위로 선포하신다. 하나님은 우리를 자녀라 부르기를 부끄러워하지 않으신다. 그리스도께서 우리를 형제라 부르기를 부끄러워하지 않으셨던 것처럼 말이다.

> 거룩하게 하시는 이와 거룩하게 함을 입은 자들이 다 한 근원에서 난지라 그러므로 형제라 부르시기를 부끄러워하지 아니하시고 이르시되 내가 주의 이름을 내 형제들에게 선포하고 내가 주를 교회 중에서 찬송하리라 하셨으며 또 다시 내가 그를 의지하리라 하시고 또 다시 볼지어다 나와 및 하나님께서 내게 주신 자녀라 하셨으니(히 2:11-13).

하나님께서는 공개적으로 우리를 그분의 소유로 인정하시며 이 사실을 부끄러워하지 않으신다. 요한은 우리가 그런 직함(높은 지위와 그에 따른 높은 책임)을 영광으로 여기기를 바란다. 구속주께서는 우리와 공동의 노력을 기울이기를 부끄러워하지 않으셨다. 그분은 스스로 우리의 본성을 취하시고 자신의 죽음으로 우리를 구원하기를 부끄러워하지 않으셨다. 성령님은 우리 안에 내주하면서 우리 위에 역사하기를 부끄러워하지 않으신다. 우리를 새롭게 하시고 변화시키신다. 성부 하나님은 우리를 사랑하기를 부끄러워하지 않으신다. 우리를 그분의 자녀로 일컬으신다.

요한은 베드로처럼 외향적인 사람은 아니었다. 두 사람이 새벽에 갈릴리 바다에서 고기를 잡고 있을 때 부활하신 그리스도를 처음 알아본 것은 요한이었다. 그의 진심 어린 마음이 경배의 말을 찾다가 입술로 이렇게 고백하게 했다. "주님이시라!" 먼저 그리스도께 가려고 물속으로 뛰어든 사람이 베드로였다는 사실에 요한의 심장이 하나님을 향한 사랑에 있어서 그만큼 적게 뛰었다고 생각해서는 안 된다.

그게 바로 그가 "너희가 그가 의로우신 줄을 알면 의를 행하는 자마다 그에게서 난 줄을 알리라"라고 말한 직후에 잠시 멈추어 경배할 수밖에 없던 이유다. "보라 아버지께서 어떠한 사랑을 우리에게 베푸사 하나님의 자녀라 일컬음을 받게 하셨는가, 우리가 그러하도다 그러므로 세상이 우리를 알지 못함은 그를 알지 못함이라"(요일 2:29-3:1).

그러니 첫째, '경이와 격려'로 이 사랑을 바라보자. 악한 죄인들이 하나님의 자녀가 되어 그분의 자녀라 일컬음을 받고, 하나님께로부터 난 자, 성령으로 난 자, 위로부터 난 자로서 의를 행한다는 사실에 우리의 시선과 마음을 고정시키고, 거기서 우리를 향한 하나님의 선하심을 알고 기뻐해야 한다. 그 일을 행하신 하나님을 향한 감사와는 별개로 우리를 끊임없이 놀라게 하는 것은, 경이로운 은혜다. 설령 우리가 그런 선포에는 개인적인 관심이 없다 하더라도, 그 은혜는 그 자체로 가장 경이로운 것이다. 그것이 없었다면 인류에게 알려지지 않았을 하나님의 마음을, 은혜가 계시한다. 주어진 본성과 이름을 소유한 자로서 우리가 이를 안다는 사실에 우리는 놀라워할 뿐 아니라 경배해야 한다.

둘째, '신뢰와 확신'을 위해 이 사랑을 바라보자. 이 일에 있어서 성도의 확신은 우선적으로 하나님께서 그렇게 말씀하셨다는 사실에 있다. 요한은 우리의 마음에 진리를 말한다. "[우리가] 하나님의 자녀라 일컬음을 받게 하셨"고, 그 안에서 새로운 본성이 통치한다. 이것은 인간의 판단이 아니다. 주관적인 느낌도 아니다. 그것은 객관적인 실재와 조화를 이루는, 선포된 하나님의 진리다. 전에는 소유하지 못했던 의를 향한 본능과 능력을 자기 안에서 발견한 자들은 다음과 같은 결론을 내려야 한다. 오직 하나님만이 그것을 거기에 있게 하셨다고 말이다. 우리는 이 문제에 있어서 의심과 두려움으로 절뚝거릴 때가 얼마나 많은가? 나는 누구이며, 나는 무엇인가? 하나님은 나를 어떻게 보시는가? 그분과 나와의 관계는 무엇인가? 의를 행하는 자마다 하나님께로부터 난 자다. 그러므로 의를 행하는 당신은 이것이 당신 위에 부어진 사랑이라고, 당신은 하나님에 의해 하나님의 아들로 일컬음을 받았다고 확신하라. 이것이 당신의 확신의 근거가 되게 하라.

셋째, '순종과 인내'를 위해 이 사랑을 바라보자. 이는 시련과 박해를 겪는 성도를 든든히 붙잡아줄 진리다. "세상이 우리를 알지 못함은 그를 알지 못함이라"(요일 3:1). '하나님께서 세상에 오셨는데, 그분이 멸시당하고 거절당하셨다'는 사실은, 확실하고 활력 있는 참된 기독교에 대한 세상의 반응을 설명해준다. 만약 우리가 하나님의 자녀로서 그분의 본성을 소유하고 그분의 이름을 가진다면, 우리도 동일한 고난을 겪을 것이다. 우리 주님께서 죽으시기 전에 자세히 설명하셨듯이 "제자가 그 선생보다, 또는 종이 그 상전보다 높지 못하나니"(마 10:24)라는 원칙은 유효하다.

> 세상이 너희를 미워하면 너희보다 먼저 나를 미워한 줄을 알라 너희가 세상에 속하였으면 세상이 자기의 것을 사랑할 것이나 너희는 세상에 속한 자가 아니요 도리어 내가 너희를 세상에서 택하였기 때문에 세상이 너희를 미워하느니라 내가 너희에게 종이 주인보다 더 크지 못하다 한 말을 기억하라 사람들이 나를 박해하였은즉 너희도 박해할 것이요 내 말을 지켰은즉 너희 말도 지킬 것이라(요 15:18-20).

이 말씀과 그 이유를 깊이 생각하는 편이 현명할 것이다. 저런 일들에 직면할 때, 하나님의 자녀가 되었다는 우리의 확신과 만족은 우리로 하나님의 영광을 찬송하는 삶을 살겠다고 결심하게 할 것이다. 하나님은 우리를 아들들로 부르기를 부끄러워하지 않으셨다. 그런데 어떻게 우리가 그분을 우리의 아버지요 하나님으로 소유하기를 부끄러워할 수 있겠는가? 우리는 하늘의 황태자들이다. 우리가 왜 죄의 노예들처럼 살아야 하는가? 이러한 사랑의 분위기 속에서 당신의 본성과 당신의 이름을 이해하는 것은 이 세상에서의 당신의 부르심과 성품을 이해하는 것이다. 그것이 바로 죄와 싸우는 근거요, 슬픔과 고난의 한복판에 서 있는 근거다. 만약 당신이 부르심을 받은 대로 살고자 한다면, 당신은 반드시 당신이 무엇으로 부르심을 받았는지 알아야 한다.

넷째, '기쁨과 감사'를 위해 이 사랑을 바라보자. 신자여, '하나님께로부터 났다'는 사실을 완전히 이해했는가! 아마도 당신은 이렇게 말할 것이다. (또 그것이 마땅하다.) "나는 그것을 온전히 이해하지 못했다." 그런데 정말 이해를 하기는 했는가? 당신의 새로운 본성과 이름을 숙고하기 위해 멈춘 적이 있는가? 만약 전에 그렇게 해본 적이 없다면, 눈앞에 자연의 경이로움을 발견한 학생처럼 지금 잠시 멈추어 보라.

"보고, 보고, 또 보라!"

보라! 은혜로우신 하나님의 비할 데 없는 행위를 이해하기 시작할 때까지. 보라! 이 선물의 수많은 존귀함을 추적하기 시작할 때까지. 보라! 하나님의 자비의 아름다움의 폭넓음과 세세함이 눈에 들어오기 시작할 때까지. 보라! 당신의 마음이 속에서 불타오를 때까지. 그래서 당신이 지극히 높으신 하나님 앞에 머리를 조아리며 다음과 같이 묻게 될 때까지 보라.

제가 왜 당신의 음성을 듣게 되었나요?

어떻게 그곳에 들어가게 되었나요?

수많은 사람들이 악한 선택을 하고 있는데……
당신께 오지 않고 굶주리고 있는데……

잔치를 베푸신 그 사랑이지요.
우리를 다정하게 안으로 이끄신 그 사랑이지요.
그렇지 않으면 우리는 여전히 거절했겠지요.
그리고 우리의 죄 가운데서 멸망했겠지요.[2]

지극히 높으신 하나님께서 (당신의 본성과 습관을 대놓고 거스르시면서) 구속하는 사랑, 변화시키는 사랑으로 당신을 사랑하셨다는 사실을 깊이 생각해본 적이 있는가? 당신을 하나님의 아들이라 일컬음을 받게 하기 위해서 그분의 독생자를 주심으로써 증명하신 사랑 말이다. 그리고 지금, 당신이 미끄러지고 넘어짐에도 불구하고, 당신이 혼동하고 냉담함에도 불구하고, 그분은 당신을 그분의 자녀로 소유한 것을 부끄러워하지 않으신다.

관계가 총체적으로 변화되었다. 하나님은 당신에게 새로운 본성을 주셨고, 새로운 이름을 주셨다. 그래서 지금 당신은 더 이상 하나님 앞에 원수로서 나아오지 않는다. 자녀로서 온다. 생각해보라. 특히 당신이 그리스도인 부모라면, 당신의 자녀가 무슨 짓을 하든, 어떤 곤경에

---

2) Issac Watts, "How Sweet and Aweful Is the Place."

처했든 그 자녀는 당신의 자녀다. 그리고 당신은 그 자녀를 결코 실패하지 않는 강렬하고 부드러운 사랑으로 깊이 사랑한다. 성부 하나님의 자녀를 향한 사랑은 얼마나 더 그러하겠는가? 이 사랑이 우리로 하여금 흐느끼게 하고 기쁨에 겨워 소리치게 해야 한다. 그러므로 여기서 요한과 함께 멈추어 다음의 시로 노래하자.

> 멈추어라, 내 영혼아, 경배하고 감탄하라!
> "오, 왜 그런 사랑을 저에게?"라고 여쭈어라.
> 은혜가 나를
> 구주의 가족에 속하게 하였다네.
> 할렐루야! 할렐루야!
> 영원토록 감사하세![3]

마지막으로, '소망'을 위해 이 사랑을 바라보아야 한다. 우리는 잃어버린 자였으나 이제는 되찾은 자다. 많은 이들이 여전히 방황하고 있지만 되찾게 될 때가 무르익고 있다. 하나님은 우리를 (그리고 우리 같은 자들을) 그분의 자녀로 만드셨다. 하나님은 우리를 (그리고 적어도 우리만큼 나쁜 자들을) 그분의 성도로 만드셨다. 하나님은 늑대와 염소를 취해 양으로 만드셨다. 반역자들을 취해 아들들로 만드셨다. 신성모독자들을 취

---

3) James George Deck과 미상의 작가, "Father, 'Twas Thy Love That Knew Us."

해 예배자로 만드셨다. 불경건한 자들을 취해 경건한 자로 만드셨다. 불의를 행하던 자들을 취해 이제는 하나님께로부터 난 자로서 의를 행하는 자로 만드셨다. 만약 하나님께서 나를 위해 그 일을 하셨다면, 그렇다면 누구를 위해 그 일을 안 하실 수 있겠는가? 이것이 우리 자신을 향한, 그리고 온 세상을 향한 우리의 소망이다.

더 깊은 묵상을 위한 질문

1. 그 경이로움으로 인해 사도 요한의 숨을 멎게 했던 진리들 중 하나를 한 문장으로 정의하거나 설명해보라.

2. 요한이 우리에게 요구하는 것은 어떤 종류의 관찰인가? 그것이 왜 중요한가?

3. 요한은 우리가 특히 무엇을 그런 식으로 관찰하기 원하는가? 그리고 그것의 특징은 무엇인가?

4. 요한이 우리가 관심 갖기를 원하는, 하나님의 복의 특징은 무엇인가?

5. 누가 우리를 하나님의 자녀라고 선포하는가? 그리고 그것이 왜 중요한가?

6. 그 선포가 당신에게 어떤 영향을 미치는가? 어떤 영향을 미쳐야 하는가? 이 점에 있어서 신자와 불신자의 차이는 무엇인가?

너희는 믿음 안에 있는가 너희 자신을 시험하고 너희 자신을 확증하라
예수 그리스도께서 너희 안에 계신 줄을 너희가 스스로 알지 못하느냐

고린도후서 13장 5절

5장

구원의 확신을 얻기

사도 요한은 참으로 목회적이고 대단히 실용적인 하나님의 사람이었다. 그만큼 솔직함과 심오함이 공존하는 성경 저자는 또 없다. 이런 자질은 그의 모든 저작물에서 빛이 난다.

그는 요한복음과 요한일서에서 글을 쓰는 목적을 진술하는데, 요한복음 20장 31절에서는 "너희로 예수께서 하나님의 아들 그리스도이심을 믿게 하려 함이요 또 너희로 믿고 그 이름을 힘입어 생명을 얻게 하려"고 그리스도의 사역과 표적을 기록했다고 말한다. 달리 말하자면, 요한복음은 일차적으로 복음 전도적인 저작물로 의도되었다. 즉, 하나님 아래서 믿음을 고취시키고 회심을 얻게 하기 위한 것이다. 이와 비슷하게, 요한은 요한일서 5장 13절에서도 첫 번째 서신을 쓴 목적을 말한다. "내가 하나님의 아들의 이름을 믿는 너희에게 이것을 쓰는 것은 너희로 하여금 너희에게 영생이 있음을 알게 하려 함이라." 달리 말하자면, 요한일서는 일차적으로 목회적인 저작물로 의도되었다. 즉, 하나님 아래서 분별력을 고취시키고 확신을 얻게 하기 위한 것이다. 이번 장에서 우리는 요한이 그 목적을 어떻게 추구하는지를 보다 가까이서 들여다보게 될 것이다.

너희로 하여금 알게 하려 함이라

하지만 우리는 올바른 곳에서 시작해야 한다. 내가 만약 이 책의 독자에게 "당신은 그리스도인입니까?"라고 단도직입적으로 묻는다면, 아마도 다양한 대답을 들을 것이다. 어떤 사람들은 "예, 저는 책의 내용에 전적으로 동의합니다"라고 답할 것이고, 또 어떤 사람들은 "기회가 없었어요"라고 말할 것이다. 우리는 "예" 혹은 "아니오"라고 답할 가능성, 또는 옳거나 틀릴 가능성을 고려해야만 한다. 당신은 아무런 설명이 없는 마지막 문장을 읽으면서 즉시 "봐봐! 알 수 없는 거라고!"라는 결론을 내릴지 모르겠다. 그럼에도 다른 사람들이 그리스도인이냐는 질문을 받는다면, 그들이 이 길인지 저 길인지를 알 수 있기를 간절히 바라는 마음에 "오, 그러기를 바라요!"라고 말할지도 모른다.

당신의 본능적인 혹은 사려 깊은 대답이 무엇이든 간에 다음을 고려해주기 바란다. 요한은 "너희로 하여금 알게 하려 함이라"라고 기록한다. 그는 우리가 그 질문에 올바르게, 정확하게, 적합하게, 적절하게 대답할 수 있도록, 그래서 우리가 이 질문에 비추어 스스로를 점검할 수 있도록 틀을 제공하려 한다.

확신은 정의할 수 있다 Definable

먼저 확신은 '정의할 수 있다'는 사실을 생각해보라. 요한은 사실상 확신은 믿는 자들에게 영생이 있음을 아는 지식이라고 말한다. 여기서 잠깐, 우리는 믿음과 확신이 서로 연관되어 있지만 똑같지는 않다는 사실을 알아야 한다. 모든 그리스도인은 믿음(그들은 하나님의 아들의 이름을 믿는다)을 갖는다. 하지만 모든 그리스도인이 항상 완전히 자신의 구원을 확신하지는 못한다.

그럼에도 불구하고 요한은 참된 구원의 확신은 믿지 않는 자에게가 아니라 믿는 자에게 속한다고 밝힌다. 확신은 믿음의 뿌리로부터 자라지만 믿음과 똑같지는 않다. 믿음은 구원의 본질에 속하지만, 확신은 구원받은 자들의 건강에 관여한다. 구원의 확신이 결여되었다는 것이 그리스도로 말미암아 구원을 받는다는 믿음, 혹은 믿음으로 말미암아 구원이 온다는 믿음이 결여되었다는 뜻은 아니다. 앞으로 살펴보게 되겠지만, 만약 우리가 확신을 갈망한다면 우리는 먼저 믿어야 한다. 왜냐하면 구원받기 위해 그리스도를 바라보아야 한다는 믿음 없이 구원받았다고 확신하는 것만큼 위험한 일은 없기 때문이다.

우리에게 영생이 있다는 지식은 현재적이고 개인적이고 기초적인 확신이다. 그것은 추측이나 가능성, 단순한 바람이 아니다. 그것은 현재 소유한 영생에 관한 지식이다. 우리의 현재적이고 영원한 소유로서, 부활하신 주님께 속한 생명, 이미 시작되어 현세에 누리고 있는 내세의 생명에 관한 지식이다. 확신은 그것이 언젠가 영광 중에 활짝 필 은혜의 꽃봉오리를 가지고 있음을 안다.

요약하자면, 확신은 자기가 영원한 생명을 소유하고 있다는 참된 신자의 기초적인 신념이다. 믿음에 얹혀 있으나 믿음과는 구별되고 항상 믿음과 함께 있지는 않다. 신학자 존 머레이(John Murray)는 확신을 다음과 같이 정의한다. "믿음의 확신이란, 은혜와 구원의 상태에 있는 신자가 누리는 확신, 곧 그가 구원받았으며, 사망에서 생명으로 옮겨졌고, 영원한 생명을 소유하게 되었고, 영광의 상속자가 되었다는 지식을 뜻한다."[1] 청교도 토머스 브룩스(Thomas Brooks)는 이렇게 말한다. "확신은 은혜로운 영혼의 반사작용이다. 그로써 그는 분명하고도 확실하게 자기 자신이 은혜롭고 복되고 행복한 상태에 있음을 본다. 그것은 은혜의 상태, 영광의 면류관을 받을 권리를 가진 상태에 대한 합리적인(우리의 감각에 의해 지각될 수 있는) 감정이요, 실험적인(우리의 경험에 기초하여 증명될 수 있는) 분별력이다."[2]

확신은 바람직하다 Desirable

나는 저 정의가 구원의 확신이 바람직하다는 사실을 증명할 수 있기를 바란다. 성경은 섣부른 추측을 경고하지만, 그럼에도 성경 어디에

---

1) John Murray, "The Assurance of Faith," in *Collected Writings of John Murray* (Edinburgh: Banner of Truth, 1977), 2:264.

2) Thomas Brooks, "Preface: Touching the Nature of Assurance," to *Heaven on Earth*, in *The Works of Thomas Brooks* (Edinburgh: Banner of Truth, 1980), 2:316. (『지상에서 누리는 천국』, 지평서원)

서도 올바른 구원의 확신을 바라고 추구하고 획득하는 것을 막지 않는다. 때때로 우리는 불확실한 태도에는 고상한 무언가가, 의심에는 겸손한 무언가가 있다는 인상을 받는다. 그러나 하나님께서 제공하시는 복을 무시하고 저항하는 것에 무슨 고상함이 있는가? 하나님의 약속을 불신하고 그분의 의도를 부인하는 것에 무슨 겸손함이 있는가? 확신과 겸손은 상호배타적이지 않다. 확신과 추측은 매우 다르다. 선한 것이 남용되거나 왜곡될 수 있다고 해서 그 자체를 나쁘게 보아서는 안 된다. 다윗은 주님께 "내 영혼에게 나는 네 구원이라 이르소서"(시 35:3)라고 구했는데 꾸짖음이나 부인을 당하지 않았다. 주님은 다윗에게 요구를 철회하라고 요구하지 않으셨다. 요한은 독자들이 확신하기 바랐다. 그렇다면 사도가 틀린 것일까? 우리는 요한의 영감을 부인해야 할까? 당연히 아니다! 요한이 확신에 관심을 가진 이유는 그것이 모든 성도("믿는 너희"는 예외 없이 획득한다)에게 복이기 때문이다.

정말이지 당신에게 시간이 좀 있다면, 요한의 첫 번째 편지를 전부 읽으라. 구약성경은 말할 것도 없고, 신약성경 전체가 성도는 자신이 성도이고 은혜로 구원받고 보존됨을 알 수 있고, 알아야 하고, 또 안다고 가정한다.

어느 남편이 자기 아내가 그의 사랑을 영원히 확신하지 못하기를 원하겠는가? 그렇다면 왜 주님께서 우리의 의심과 우울과 불확실성을 기뻐하셔야 하는가? 브룩스가 말하듯이, "영혼들을 먼저 그리스도를 아는 자리로, 그리고 그리스도를 받아들이는 자리로, 그리고 그들이 그리스도 안에서 누리는 실제적인 유익에 대한 달콤한 확신 가운데 그들을 세우는 자리로 인도하는 것이 성경 전체의 흐름이자 설계다."[3] 그러므로 브룩스의 주장을 증명하는 다음 성경 구절들을 간략히 숙고해 보라. 베드로는 우리에게 주신 "그 보배롭고 지극히 큰 약속"에 대해 말한다.

> 이로써 그 보배롭고 지극히 큰 약속을 우리에게 주사 이 약속으로 말미암아 너희가 정욕 때문에 세상에서 썩어질 것을 피하여 신성한 성품에 참여하는 자가 되게 하려 하셨느니라 그러므로 너희가 더욱 힘써 너희 믿음에 덕을, 덕에 지식을, 지식에 절제를, 절제에 인내를, 인내에 경건을, 경건에 형제 우애를, 형제 우애에 사랑을 더하라 이런 것이 너희에게 있어 흡족한즉 너희로 우리 주 예수 그리스도를 알기에 게으르지 않고 열매 없는 자가 되지 않게 하려니와 이런 것이 없는 자는 맹인이라 멀리 보지 못하고 그의 옛 죄가 깨끗하게 된 것을 잊었느니라
>
> 그러므로 형제들아 더욱 힘써 너희 부르심과 택하심을 굳게 하라 너희가 이것을 행한즉 언제든지 실족하지 아니하리라 이같이 하면 우리 주 곧 구주 예수 그리스도의 영원한 나라에 들어감을 넉넉히 너희에게 주시리라(벧후 1:4-11).

---

[3] Brooks, "Nature of Assurance," 2:319.

히브리서 기자도 말한다.

우리가 간절히 원하는 것은 너희 각 사람이 동일한 부지런함을 나타내어 끝까지 소망의 풍성함에 이르러 게으르지 아니하고 믿음과 오래 참음으로 말미암아 약속들을 기업으로 받는 자들을 본받는 자 되게 하려는 것이니라……
하나님은 약속을 기업으로 받는 자들에게 그 뜻이 변하지 아니함을 충분히 나타내시려고 그 일을 맹세로 보증하셨나니 이는 하나님이 거짓말을 하실 수 없는 이 두 가지 변하지 못할 사실로 말미암아 앞에 있는 소망을 얻으려고 피난처를 찾은 우리에게 큰 안위를 받게 하려 하심이라 우리가 이 소망을 가지고 있는 것은 영혼의 닻 같아서 튼튼하고 견고하여 휘장 안에 들어 가나니 그리로 앞서 가신 예수께서 멜기세덱의 반차를 따라 영원히 대제사장이 되어 우리를 위하여 들어 가셨느니라(히 6:11-12, 17-20).

바울은 그의 글 곳곳에서 동일한 기대와 확신의 씨앗을 뿌린다.

너희는 다시 무서워하는 종의 영을 받지 아니하고 양자의 영을 받았으므로 우리가 아빠 아버지라고 부르짖느니라 성령이 친히 우리의 영과 더불어 우리가 하나님의 자녀인 것을 증언하시나니……
누가 우리를 그리스도의 사랑에서 끊으리요 환난이나 곤고나 박해나 기근이나 적신이나 위험이나 칼이랴 기록된 바 우리가 종일 주를 위하여 죽임을 당하게 되며 도살 당할 양 같이 여김을 받았나이다 함과 같으니라 그러나 이 모든 일에 우리를 사랑하시는 이로 말미암아 우리가 넉넉히 이기느니라 내가 확신하노니 사망이나 생명이나 천사들이나 권세자들이나 현재 일이나 장래 일이나 능력이나 높음이나 깊음이나 다른 어떤 피조물이라도 우리를 우리 주 그리스도 예수 안에 있는 하나님의 사랑에서 끊을 수 없으리라(롬 8:15-16, 35-39).

우리를 너희와 함께 그리스도 안에서 굳건하게 하시고 우리에게 기름을 부으신 이는 하나님이시니 그가 또한 우리에게 인치시고 보증으로 우리 마음에 성령을 주셨느니라(고후 1:21-22).

너희는 믿음 안에 있는가 너희 자신을 시험하고 너희 자신을 확증하라 예수 그리스도께서 너희 안에 계신 줄을 너희가 스스로 알지 못하느냐 그렇지 않으면 너희는 버림 받은 자니라 우리가 버림 받은 자 되지 아니한 것을 너희가 알기를 내가 바라고(고후 13:5-6).

그 안에서 너희도 진리의 말씀 곧 너희의 구원의 복음을 듣고 그 안에서 또한 믿어 약속의 성령으로 인치심을 받았으니 이는 우리 기업의 보증이 되사 그 얻으신 것을 속량하시고 그의 영광을 찬송하게 하려 하심이라(엡 1:13-14).

그러므로 너는 내가 우리 주를 증언함과 또는 주를 위하여 갇힌 자 된 나를 부끄러워하지 말고 오직 하나님의 능력을 따라 복음과 함께 고난을 받으라 하나님이 우리를 구원하사 거룩하신 소명으로 부르심은 우리의 행위대로 하심이 아니요 오직 자기의 뜻과 영원 전부터 그리스도 예수 안에서 우리에게 주신 은혜대로 하심이라 이제는 우리 구주 그리스도 예수의 나타나심으로 말미암아 나타났으니 그는 사망을 폐하시고 복음으로써 생명과 썩지 아니할 것을 드러내신지라 내가 이 복음을 위하여 선포자와 사도와 교사로 세우심을 입었노라 이로 말미암아 내가 또 이 고난을 받되 부끄러워하지 아니함은 내가 믿는 자를 내가 알고 또한 내가 의탁한 것을 그 날까지 그가 능히 지키실 줄을 확신함이라(딤후 1:8-12).

그렇다면 요한이 왜 이 확신의 문제로 수고해야 하는가? 나는 왜 수고로이 그것에 대해 글을 쓰고 있는가? 그리고 더 중요한 것, 하나님은 왜 그토록 수고로이 그분의 계시라는 옷감 안에 그것을 짜 넣으셨던 것일까?

그것이 바람직한 이유는 확신에 찬 신자는 위안을 얻기 때문이다. 확신이 부족하다고 해서 성도가 생명을 빼앗기지는 않지만 생명을 누림에 있어서의 평안과 기쁨을 빼앗긴다. 확신은 성도를 방해하고 상하게 하는 의심과 참담한 두려움을 거두어갈 것이다. 확신은 사람이라면 언젠가는 묻게 될 가장 중요한 질문을 끝장낸다. 견고한 확신을 가진 하나님의 자녀는 그의 인생 여정이 아무리 어렵고 험악할지라도 결국은 안전한 항구에 도착할 것을 안다. 다윗처럼 "내 육체와 마음은 쇠약하나 하나님은 내 마음의 반석이시요 영원한 분깃이시라"(시 73:26)고 고백하게 될 것을 안다. 그리고 하박국처럼 말할 것이다.

> 비록 무화과나무가 무성하지 못하며
> 포도나무에 열매가 없으며
> 감람나무에 소출이 없으며
> 밭에 먹을 것이 없으며
> 우리에 양이 없으며
> 외양간에 소가 없을지라도
> 나는 여호와로 말미암아 즐거워하며
> 나의 구원의 하나님으로 말미암아 기뻐하리로다(합 3:17-18).

확신은 고난, 시련, 심지어 죽음 속에서도 강력한 위안을 준다.

또한 확신에 찬 신자는 신념과 용기가 있는 신자다. 우리는 어디에 서야 할지 모를 때 어떻게 행동해야 할지 모른다. 우리가 누구인지를 아는 일은 발뺌이나 트집 없이 올바른 코스를 따르도록 우리를 돕는다. 나는 하나님의 자녀인가? 만약 그렇다면, 나는 하나님의 자녀답게 살아야 한다! 두 가지 의견 사이에서 망설이는 것을 멈춰야 한다. 우리는 우리가 누구 편에 서 있는지 안다. 그러므로 우리는 누구와 싸워야 하고 어떻게 싸워야 하는지 안다. 확신에 찬 성도는 그리스도 안에서 하나님 앞에 서서 하나님께 담대히 간청한다. 그리고 하나님을 위해 사람들 앞에 담대히 선다.

또한 확신에 찬 그리스도인은 적극적인 그리스도인이 된다. 확신은 진실로 성도를 자유롭게 한다. 왜냐하면 올바른 방법으로, 우리의 관심을 우리 자신과 우리의 처지에서 벗어나게 해서, 그 에너지를 섬김에 쏟게 하기 때문이다. 복과 특권에 대한 확고한 지각은 감사하는 마음과 자발적인 마음을 낳는다. 믿음 안에 있는 기쁨과 평강이 우리의 섬김에 자기희생적 열심을 불러일으킨다. 타인에게 심각한 손상을 입히는 두려움은 더 이상 견고한 성도를 머뭇거리게 하지 못한다. 그는 자유롭게, 굳건하게, 긍정적으로 그리고 진심으로 말하고 섬기기 때문이다.

다시 말하자면, 확신은 사람을 점점 더 성장하는 그리스도인으로 만든다. 참된 구원의 확신은 결코 거룩함이라는 신경을 자르지 않는다. 그리스도 안에서 하나님과의 친밀함, 성령님과의 교제, 하나님의 사랑에 대한 확신, 우리의 하늘 소망에 대한 인지 등은 모두 순결한 삶을 향한다. "사랑하는 자들아 우리가 지금은 하나님의 자녀라 장래에 어떻게 될지는 아직 나타나지 아니하였으나 그가 나타나시면 우리가 그와 같을 줄을 아는 것은 그의 참모습 그대로 볼 것이기 때문이니 주를 향하여 이 소망을 가진 자마다 그의 깨끗하심과 같이 자기를 깨끗하게 하느니라"(요일 3:2-3). 그런 신자는 자기의 특권을 알고 그것을 남용하는 것에 대한 거룩한 두려움을 갖는다. 그는 화해를 이룬 구속의 하나님께 범죄를 저지르는 것을 싫어한다. 이들은 "나의 모든 근원이 네[시온]게 있다"(시 87:7)고 말하며, 거기서 그들의 의무와 회복의 기회를 발견한다.

그런 복은 모든 하나님의 자녀로 하여금 구원을 기뻐할 뿐만 아니라 구원의 확신을 바라도록 만든다. 요한이 확신에 관해 이렇게 썼다면, 확신을 추구하는 것은 우리의 의무이자 특권이다. 여기서 우리는 사도 요한과 협력해야 한다. 참으로 여기서 우리는 계시하시며 거듭나게 하시는 그분의 뜻 안에서 택정하시는 성령님과 협력해야 한다. 확신을 바라기를 부끄러워하지 말고 확신을 추구하기를 어색해하지 말자.

확신은 가능하다 Possible

확신을 얻기를 부끄러워하지 말자. 구원의 확신은 가능하기 때문이다. 요한은 우리를 놀리는 게 아니다. 성령님은 불가능한 것을 바라게 하셔서 우리를 애태우는 분이 아니시다. 살아있는 백성이 자기가 살아있음을 알지 못할 이유가 무엇이겠는가?

그러나 확신은 저절로 우리 무릎에 떨어지지 않는다. 구원의 확신을 얻고 지키기를 방해하는 것이 있다. 우리는 사탄의 공격에 맞서야 한다. 사탄은 성도가 슬픔과 의심과 환난과 혼동의 상태에 있기를 원한다. 교정되어야 할 오해와 피해야 할 거짓 가르침이 있다. 이는 가르침의 부족에서 비롯된다. 예를 들어, 성경적인 강조와 균형 없이 문맥에서 벗어난 선택 교리를 취할 수 있다. 어떤 이들에게는, 구원의 은혜의 경험이 점진적인 과정일 수 있다. 차례차례 거치는 과정을 분별하기란 더 어려울 수 있다. 여전한 죄에 탐닉하는 것, 잘 아는 의무들을 방치하는 것, 세상에 집착하는 것은 모두 우리의 구원 감각을 약화시킨다. 어떤 이들에게는, 잘못된 곳을 보거나 잘못된 기준으로 평가하는 것이 그 이유일 수 있다. 또 어떤 이들에게는, 슬프게도, 확신에 대한 건강하지 못하고 불균형한 강박이 이유일 수 있다. 그러면 확신의 기초가 되는 우선적인 것들을 방치하게 된다. 또 다른 차원에서 말하자면, 우리는 우리의 하늘 아버지께서 (비록 우리는 분별하지 못하지만) 바르고 적절한 이유로 얼마 동안 자녀들에게 확신을 허락하지 않으실 수도 있음을 인정해야 한다.

설령 그렇더라도, 우리는 이 문제에 있어서 견고한 확신을 당당히 주장할 수 있다. 욥은 안도하는 마음에서 다음과 같이 말할 수 있었다.

> 내가 알기에는 나를 구하실 분이 살아 계시므로
> 그가 결국 땅 위에 서실 것이다.
> 내 육체의 가죽이 썩은 후에는
> 내가 육체 밖에서 하나님을 볼 것이며
> 그 때는 내 눈이 그를 보아도 낯선 사람처럼 하지 않을 것이니
> 내 마음이 한없이 설레는구나!(욥 19:25-27, 현대인의성경).

다윗은 확신에 관해 이렇게 말할 수 있었다.

여호와는 나의 목자시니

내게 부족함이 없으리로다

그가 나를 푸른 풀밭에 누이시며

쉴 만한 물 가로 인도하시는도다

내 영혼을 소생시키시고

자기 이름을 위하여

의의 길로 인도하시는도다

내가 사망의 음침한 골짜기로 다닐지라도

해를 두려워하지 않을 것은

주께서 나와 함께 하심이라

주의 지팡이와 막대기가 나를 안위하시나이다(시 23:1-4).

바울은 "내가 확신하노니 사망이나 생명이나 천사들이나 권세자들이나 현재 일이나 장래 일이나 능력이나 높음이나 깊음이나 다른 어떤 피조물이라도 우리를 우리 주 그리스도 예수 안에 있는 하나님의 사랑에서 끊을 수 없으리라"(롬 8:38-39), "만일 땅에 있는 우리의 장막 집이 무너지면 하나님께서 지으신 집 곧 손으로 지은 것이 아니요 하늘에 있는 영원한 집이 우리에게 있는 줄 아느니라"(고후 5:1), 그리고 다시

"이로 말미암아 내가 또 이 고난을 받되 부끄러워하지 아니함은 내가 믿는 자를 내가 알고 또한 내가 의탁한 것을 그 날까지 그가 능히 지키실 줄을 확신함이라"(딤후 1:12)라고 증언할 수 있었다.

히브리서 기자는 우리에게 "우리가 마음에 뿌림을 받아 악한 양심으로부터 벗어나고 몸은 맑은 물로 씻음을 받았으니 참 마음과 온전한 믿음으로 하나님께 나아가자"(히 10:22)라고 요구한다.

요한은 확신에 차서 "우리는 형제를 사랑함으로 사망에서 옮겨 생명으로 들어간 줄을 알거니와 사랑하지 아니하는 자는 사망에 머물러 있느니라"(요일 3:14), 그리고 다시 "또 아는 것은 우리는 하나님께 속하고 온 세상은 악한 자 안에 처한 것이며 또 아는 것은 하나님의 아들이 이르러 우리에게 지각을 주사 우리로 참된 자를 알게 하신 것과 또한 우리가 참된 자 곧 그의 아들 예수 그리스도 안에 있는 것이니 그는 참 하나님이시요 영생이시라"(요일 5:19-20)라고 말한다.

지금까지 우리는 사도들이 의도한 바를 보았고, 이제 사도들의 삶에서 그 열매를 본다. 확장시키자면, 하나님의 복을 받아서 그 의도를 받아들이고 그것을 실천하는 자들의 삶에서 그 열매를 본다. 그들은 그리스도 안에서 두려움이나 허세 없이 하나님 편에 서는 것에 대해 증언한다.

확신은 직통계시, 곧 하늘로부터 당신의 귀에 속삭이는 목소리가 아님에 주의하라. 하나님의 압도적인 사랑을 (화려하게는 둘째 치고) 뚜렷이 경험하는 문제도 아니다. 1677년에 작성하여 1689년에 채택된 제2차

런던 침례교 신앙고백은 확신이 성령님의 영향력 아래서 "[평범한] 수단을 올바르게 사용함에서" 발견된다고 말한다(제18장 3문단). 성경은 하나님의 영이 우리에게 보증, 곧 신령한 계약금으로 주어진다고 말한다. 그리고 그분이 우리로 하여금 "아빠 아버지"라고 부르짖게 하신다고 말한다(롬 8:15-16; 갈 4:6).

앞서 인용한 토머스 브룩스의 말을 완성해보자면,

> 자, 확신은 은혜로운 영혼의 반사작용이다. 그로써 그는 분명하고도 확실하게 자기 자신이 은혜롭고 복되고 행복한 상태에 있음을 본다. 그것은 은혜의 상태, 영광의 면류관을 받을 권리를 가진 상태에 대한 합리적인 감정이요, 실험적인 분별력이다. 그리고 확신은 그리스도의 영의 조명으로 자신 안에서 특별하고 독특하고 특징적인 그리스도의 은혜들을 보는 데서 시작되거나 하나님의 영의 증언과 기록에서 시작된다.[4]

우리 안에서 믿음과 그 열매를 낳으시는 분은 양자의 영(the Spirit of adoption)이시다. 그분이 새 생명의 증거인 은혜들을 심고 활발하게 하신다. 그리고 우리의 영으로 그 존재와 실재를 증언하신다. 뿐만 아니라 그분의 달콤한 영향력과 그 수단들로 우리를 하나님의 자녀로 소유하신다. 구원받은 사람의 삶에서 확신이라는 좋은 땅은, 성령님의 증

---

4) Brooks, "Nature of Assurance," 2:316.

언을 통해, 우리의 마음과 생각에 온전한 효과를 낳는다.[5] 그분은 요한이 그의 서신서에서 확인한 참된 경건의 표지를 비준하는 분이시다. 그러므로 믿음이 기초이며, 확신은 그 위에 아름답게 세워진다. 둘 다 성령님에 의해 이루어진 하나님의 솜씨다. 그러니 성도 안에 이 일을 행하시고 그것을 알게 해주시기를 그분께 간구하자.

---

[5] B. B. Warfield, *Faith and Life* (Edinburgh: Banner of Truth, 1974), 191–92에서 가져왔다.

더 깊은 묵상을 위한 질문

1. "당신은 그리스도인입니까?"라는 질문에 어떻게 답하겠는가? 그렇다면, 결국 당신이 이 점을 분명히 알게 하기 위해 요한이 글을 기록한다는 사실에 당신은 어떻게 반응하겠는가?

2. '구원의 확신'을 정의해보라.

3. 확신은 왜 바람직한가? 그것은 당신에게도 바람직한가?

4. 구원의 확신을 얻는 데 있어서 방해물이나 어려움은 무엇인가?

5. 확신의 부족으로 고심해본 적이 있는가? 그 이유는 무엇인가?

6. 하나님의 영이 확신의 궁극적인 설계자라면, 우리는 주님께 확신을 달라고 또는 확신을 지켜달라고 간구해야 하는가? 그리고 간구해본 적이 있는가?

하나님이여 나를 살피사 내 마음을 아시며 나를 시험하사 내 뜻을 아옵소서
내게 무슨 악한 행위가 있나 보시고 나를 영원한 길로 인도하소서

시편 139편 23-24절

6장

성도의 표지를
확인하기

이 문제는 매우 중요하기 때문에, 우리는 이 경건의 표지들이 무엇인지 계속해서 물어야 한다. 그 기초는 무엇이며, 그 위에는 무엇이 어떻게 세워지는가?

우리는 여기서 매우 조심스럽게 접근해야 하는데, 그 이유는 많은 이들이 확신이라는 집을 그 무게를 감당하도록 의도되지 않은 재료로 지으려 하기 때문이다. 그 재료들이 반드시 그 자체로서 무가치하거나 무용하지는 않지만, 우리가 확신을 그 위에 세우려고 생각한다면, 그 무게를 지탱할 수는 없을 것이다.

달리 말하자면, 사람들은 그 자체로는 구원의 은혜의 역사를 가리키지 않는 많은 것들을 그렇다고 추정한다. 세상은, 그리고 겉으로는 종교적인 많은 사람들은 많은 것들을 참된 기독교의 확실한 표지로 생각한다. 그래서 그것들로 많은 사람들이 스스로를 참된 신자라고 착각하게 만든다. 심지어 많은 참된 그리스도인조차도 그들의 확신을 이런 것들 위에 세우고는, 그것들이 그들에게 확실한 근거를 제공하지 않기 때문에 자기네가 거기에서 실패했다고 본다. 그러나 그것들은 그 자체로는 우리의 신앙고백이 참인지 거짓인지 판단할 수 없는 것들이다. 그것들의 존재 혹은 부재가 영생을 소유했는지 아닌지에 대한 완벽하고 최종적인 답을 주지는 않는다. 그것들은 '필수적인 표지'가 아니다. 그것들이 나타난다고 해서 자기 자신을 속이면서 스스로를 바보로 만들어서는 안 된다. 그것들이 없다고 해서 (적절하게 고려된다면) 모든 소망을 버려서도 안 된다.

우리는 그것들을 드러내고 시험해야 한다. 그 과정에서 어떤 이들은 확신이라는 집이 무너지는 소리를 듣게 될 것이다. 아니면 (적어도) 삐걱거리고 흔들리기 시작하는 것을 보게 될 것이다. 다시 말하지만, 만약 그것들이 우리에게 미래를 위한 올바른 기초와 적합한 재료가 있음을 확신시켜 준다면, 우리에게 해가 되지는 않을 것이고, 장기적으로는 우리 영혼을 윤택하게 해줄 것이다.

그러므로 이제 그 자체로서는 영생의 필수적인 표지가 아닌 것들[1]을 살펴보도록 하자.

---

1) 다음의 목록은 Gardiner Spring의 *The Distinguishing Traits of Christian Character*라는 옛 작품에서 가져왔다. 이 작품은 유서 깊은 작품들 중에 하나로 Archibald Alexander의 *Thoughts on Religious Experience* 또는 Jonathan Edwards의 고전 *The Religious Affections*(『신앙감정론』, 부흥과개혁사)과 같은 작품에서 발견되는 원칙들의 요약본이다. 이것들을 더욱 완전하게 평가하고자 한다면 원본을 보라.

비(非)결정적인 표지들

뚜렷한 도덕성

첫 번째 비결정적인 표지는 뚜렷한 도덕성이다. 사무엘상 16장 7절에서 사무엘이 여호와의 기름 부음 받은 자를 찾고 있을 때 여호와께서는 사무엘에게 경고하신다. "사람은 외모를 보거니와 나 여호와는 중심을 보느니라." 서구사회에서는 (그런 행동이 드문 문화에서는 특히나) 사람을 볼 때 자제력을 가졌는지, 과도한 폭력성이 없는지, 문란하지는 않은지, 유쾌하고 예의 바르고 마음을 사로잡는 성격을 가졌는지를 보려는 경향이 있다. 그것으로 구원의 은혜가 작동하고 있다는 결론을 내리려고 한다.

사회 안에서 그런 강직함과 자제력을 보는 것은 크나큰 자비다. 나는 그리스도인들이 도덕성을 중히 여길 필요가 없다고 말하는 것이 아니다. 참으로 모든 사람들 중에서 그리스도인은 그 의가 표지가 되어야 한다(마 5:20). 하지만 그리스도인은 외적으로 도덕적**이어야 하는** 한편, 내적으로는 거룩**해야 한다.** 그 둘이 반드시 같은 것은 아니다. 외적으로 강직한 성품은 하나님을 향한 사랑을 나타내는 확실한 표지가 아니다. 번듯한 외모가 필연적으로 진실한 마음의 의로움을 나타내지는 않는다.

바리새인들은 많은 존경을 받는 도덕적인 사람들이었지만, 그들이 가진 것은 외적인 의로움의 껍데기였다. 부유한 젊은 관리가 율법을 잘 지키는 자신의 삶에 주목했을 때, 그리스도께서는 세상보다 하나님을 사랑하는 마음을 강하게 요구하셨다(마 19:16-22). 도덕적 미덕은 복음의 은혜 없이도 존재할 수 있다. 당신은 사람들 앞에서는 외적으로 훌륭하게 보이면서도, 하나님 앞에서는 내적으로 비루할 수 있다. 많은 사람들이 영생을 소유하지 않고 예수 그리스도를 진실로 닮지 않고도 도덕성이라는 허울을 유지할 수 있다. 그러나 성품의 강직함이 그리스도 안에서 맺은 하나님과의 올바른 관계에서 비롯되는 하나님 사랑에 근원을 두지 않았다면, 또는 당신의 행실이 마음의 거룩함에 뿌리를 두지 않았다면, 당신은 저주 가운데 남겨질 것이다.

머리의 지식

또 다른 비결정적인 표지는 머리의 지식(단순히 사색적인 지식 혹은 지적인 개념)이다. 그것은 진리에 관한 영적인 이해와는 반대되는 것이다. 그리스도를 진정으로 알지 않고도 그리스도에 관해 방대하게 알 수 있다. 성경의 하나님께 머리를 숙이지 않고도 성경을 많이 알 수 있다(요 5:39). 당신은 참된 경건을 알고 정통 신앙고백을 하지만 마음의 경건은 없을 수 있다(롬 1:21). 당신은 실제로 지적 호기심과 정확한 개념을 가졌을지 모르지만, 이 사색적인 지식을 영적 지식으로 옮기지 않은 채 그저 소유하고 있는 것도 가능하다. 조나단 에드워즈(Jonathan Edwards)는 그 차이를 다음과 같이 강조했다.

하나님에 관한 사색적인 지식을 늘리는 것은 우리 시대 사람들에게 딱히 더 필요한 것은 아니다. 사람들은 이런 종류의 빛을 아주 많이 가지고 있으면서도 온기가 전혀 없을 수 있다. 이 시대, 기독교 세계에서 이런 종류의 지식은 얼마나 더 그러한지! 꿰뚫어 보는 강력한 이성, 광범위한 지식, 정확한 분별력, 단정한 문체, 명확한 표현력이 이토록 풍성한 시대가 과연 있었는가? 그럼에도 참된 신앙을 고백하는 자들 중에 죄의 악함에 대한 인식, 하나님을 향한 사랑, 깊은 신앙심, 거룩한 생활이 이토록 적은 시대가 과연 있었는가? 우리 시대 사람들은 머리를 채우기보다는 마음이 감동되어야 한다. 그들은 이런 경향을 띤 설교를 대단히 필요로 하고 있다.[2]

바리새인들은 지식교육을 잘 받은 자들이었다(롬 2:17-20). 귀신들은 매우 정통적인 신학을 소유하고 있었다(약 2:19). 당신이 성경을 철두철미하게 아는 것, 마음으로 소요리문답을 암송하는 것, 주일학교에서 상을 받는 것, 신학 시험에서 우수한 성적을 거두는 것, 신학으로 석사학위를 받는 것, 난해한 신학 주제로 책을 쓰는 것 그리고 그 지식이 영적으로 이해되지 않아서 지옥에 가는 것이 가능하다(고전 2:14). 하나님을 향하여 마음과 의지를 움직이지 못하는 지식은 공허하다. 당신의 지식의 양은 당신의 상태를 전혀 보장해주지 못한다.

---

2) Jonathan Edwards, Iain Murray, *Jonathan Edwards* (Edinburgh: Banner of Truth, 1987), 126-27에서 인용됨. (『조나단 에드워즈: 삶과 신앙』, 이레서원)

경건의 모양

경건의 모양 역시 비결정적인 표지다. 많은 사람들이 경건의 겉모습은 가졌으나 경건의 실체가 없다. 모양은 있으나 능력이 없다(딤후 3:5). 바리새인들이 그런 사람의 표본이다. 예수님은 마태복음 23장에서 그들의 하나님께로부터 멀어진 마음과 결합된 높은 평판에 반하는 엄청난 죄의 목록을 열거하신다. 그들의 선조들 및 후손들과 마찬가지로, 그들의 마음과 입은 서로 다른 이야기를 했다(사 58:2-3; 마 15:8 참조). 가르치는 데만 초점을 맞추거나, 수치심이 그 동기이거나, 그런 흐름을 따라가는 경건은 구원하는 경건이 아니라 윤이 나는 껍데기일 뿐이다. 마태복음 25장 1-12절에서 신랑을 기다리는 두 무리의 처녀들의 차이점은 기름이다. 모든 외적인 행동과 기대하는 마음은 같았다.

탁월한 은사

탁월한 은사는 또 하나의 신뢰할 수 없는 표지다. 당신이 잘 생기고 똑똑하고 생기발랄하며 성공적인 누군가를 안다고 하자. (그것들은 전부 노력과는 무관해 보인다.) 그것이 그를 진실로 좋은 사람으로 만드는가? 당연히 아니다. 경건의 영역에서도 마찬가지다. 어떤 사람들은 활기 넘치는 카리스마, 날카로운 지성, 화려한 언변 등 타고난 능력이 많다. 어떤 사람들은 비범한 언어능력(수다의 은사)을 가졌다. 하지만 우리는 존 번연(John Bunyan)이 그가 참된 신자가 되기 한참 전에 "종교계의 위대한 수다쟁이"였음을 기억해야 한다. 사울도 선지자들과 예언했고(삼상

10:11-12) 유다조차도 사도들과 있었다(요 17:12). 발람은 진리로 가득한 말을 했지만 그 마음은 죄악으로 가득했다(민 22:38). 은사를 발휘함에 있어서 겉으로는 복을 받은 듯 보이지만 실제로는 은혜의 작동이 전혀 없을 수 있다(마 7:22-23).

죄를 깨달음

조심스럽게 고백하건대, 우리가 죄를 깨닫는다고 해서 문제가 해결되지는 않는다. 어떤 의미에서 죄를 깨닫는 것은 구원에 있어서 **일반적으로 꼭 필요하지만** 구원과 **필연적으로 연결되어 있지는 않다**. 사람은 회심하지 않고도 죄에 대해 진정으로 깨달을 수 있고 진짜 죄책감을 가질 수도 있다. 목사들은 설교를 통해 진리가 사람들의 양심을 경작할 때 그들이 흐느껴 우는 것을 볼 수 있다. 그리고 그 동일한 사람들이 나가서 죄로 돌아가는 것을 목격할 수도 있다. 그들은 죄를 의식했지만 회개하지는 않았다. 지옥에는 본인이 죄인임을 아는 사람들이 가득하다는 사실을 숙고해보라. 심판 날에 많은 이들이 구원받지 못한 채 자기의 죄를 확신하게 될 것이다. 사람들은 자기의 죄를 깊이 느끼고, 그 죄에 대해 많이 후회하고, 그 죄 중에 일부는 버리지만, 죄를 사랑하기는 결코 멈추지 않을 것이다. 사울(삼상 26:21), 아합(왕상 21:27-29), 유다(마 27:3), 벨릭스(행 24:25)는 죄를 깨닫는 것이 곧 회심을 가리키지는 않는다고 말해준다.

강한 확신

흥미롭게도, 강한 확신 자체는 참된 회심의 확실한 표지가 아니다. 많은 사람들이 태평스럽게 지옥으로 가는 길을 걷고 있으면서도 천국으로 가는 길 위에 있다고 완전히 확신한다. 안전한 것과 안전하다고 느끼는 것에는 어떤 차이가 있을까! 논점은 확신하는 정도가 아니다. 문제는 양보다 질이다. 왜냐하면 구원받았다고 믿는 것과 그리스도를 믿고 그 결과로 구원받는 것 사이에는 엄청난 차이가 있기 때문이다. 어떤 이들은 철저히 맹인이다. 어떤 이들은 자기를 기만한다. 어떤 이들은 반항적으로 무시한다. 하나님과 올바른 관계에 있다고 완벽하게 확신하면서도 잘못 믿는 것이 가능하다(마 3:7-9). 확신을 느끼는 것과 실제로 구원을 받는 것은 다르다.

신앙고백

다시 말하지만, 회심을 경험한 시기나 방식을 분명히 인지하는지 여부는 결정적이지 않다. 비범하고 독특한 경험이 그 사람의 신앙고백이 참인지를 증명하지 않는다. 한순간의 기억을 믿으면서 살고 죽는 사람들이 있다. 거룩한 열기, 따뜻한 느낌이나 편안한 감정, 손을 드는 것, 통로를 걸어가는 것, 강단의 초청에 응하는 것, 어두운 건물에 서서 강렬한 빛을 느끼는 것, 평화로운 느낌, 종교적인 분위기에서 신비한 임재를 느끼는 것 등 목록을 더 작성할 수도 있지만, 이 모두는 참된 경건을 알지 못한 채로도 가능하다. 나무는 그 열매로 안다. 설령 우리가 정확하게 죽음에서 생명으로 건너온 그 순간을 인식할 수 있다 하더라도, 다른 참된 구원의 표지들이 필요하다.

비결정적인 표지들을 살펴본 후, 당신은 어쩌면 흔들리거나, 곤경에 빠지고 정체가 폭로되었다고 느낄지 모르겠다. 엄청난 충격에 빠졌는지도 모르겠다. 나는 참된 성도를 곤경에 빠뜨리려는 마음은 없다. 하지만 기억해달라. 스스로 구원받았다고 생각하지만 실제로는 구원받지 못한 채로 남아 있는 것보다 더 위험한 일은 없다. 뿐만 아니라 참된 하나님의 자녀가 환난과 시험의 때에 무너질 기둥 위에 자기의 확신을 세우는 것은 건강하지 않다. 우리는 진리를 알아야 한다. 그리고 그것을 올바른 방법으로 아는 것이 온당하다. 만약 당신이 십자가 외의 방법으로 천국에 가려 한다면, 당신은 실수하는 거다. 그래서 당신은 바로잡혀야 한다. 불신자는 자신이 저주 아래 있음을 심판 날이 아닌 지금 아는 편이 더 낫다. 자신이 확신의 기초에 대해 혼동하고 있음을 고난의 날이 아닌 지금 아는 편이 더 낫다.

그리고 성령님께서 그분이 거하시는 자 안에서 성취하고 계신 사역을 우리 마음에 증거하시기에, 우리 자신이 견고한 기초를 토대로 한 그리스도인임을 아는 것보다 더 복된 일은 없다. 자신이 누구인지를 보여주는 비결정적인 표지들을 깨닫는 일은, 참된 신자들을 주관주의의 횡포에서 해방시키고 흠이 있고 부패한 의존의 대상(다른 이들처럼 우리도 너무나 자주 우리의 소망을 두는 의존의 대상)에서 벗어나게 한다.

필수적인 표지들

그렇다면 죄인의 마음에 진정한 은혜의 사역이 발생했는지를 보여주는 성경적인 표지들은 무엇일까? 비결정적인 표지들은 성도 안에 있을 수 있고 또 있어야 할 때도 많다. 하지만 그것들이 회심하지 않은 사람들에게도 있을 수 있다면, 영원한 생명이 있음을 영원토록 증명해줄 표지들은 무엇일까? 우리는 올바른 답을 얻기 위해 올바른 질문을 던져야 한다.

사도 요한이 편지를 기록할 때, 그는 조심스레 계획된 영역 안에서 글을 쓴다. 비행기가 같은 구역을 순회하듯이, 요한은 같은 마음의 영역을 반복해서 기록한다. 요한의 근거가 전개될수록 진정한 영생의 결정적인 표지들이 분명해진다. 이 표지들은 죄인의 마음에서 성령님이 구원 사역을 행하신 결과일 수 있다. 회심하지 않은 사람 안에는 이 표지들이 존재하지 않기 때문이다. 만약 당신이 이 표지들을 계발하고 있다면, 당신은 그리스도 안에 있는 것이다. 만약 그것들이 당신에게서 전혀 보이지 않는다면, 당신은 그리스도 안에 있는 것이 아니다.

이 표지들은 우리를 위한 그리스도의 구원 사역, 우리 안에서 일하시는 성령님의 구원 사역의 열매로서, 삼위일체 하나님의 구속 사역에서 분리된 채 발견되지 않는다. 요한의 서신을 반복해서 읽다 보면, 참된 기독교의 필수적인 표지들을 적어도 네 가지는 분명히 알 수 있다.

회개와 믿음

첫 번째 표지는 죄에 대한 하나님의 진단과 치료책을 겸손하고 진심 어린 마음으로 받아들이는 것이다.[3] 그리스도인은 자기 자신을 죄를 짓는 죄인으로 정확히 바라본다. 그는 거룩하신 하나님의 공의로운 심판을 인정한다(시 51:4; 눅 15:18; 18:13). 죄는 더 이상 추상적이거나 일반적이지 않고 구체적이고 특정적이다. 그는 탕자처럼 자신을 깨닫고 자기 죄를 고백한다(눅 15:17-18). 성전에서 기도하는 세리처럼 하나님 앞에 자신을 겸손히 낮추고 자신의 진짜 성품과 필요를 인정한다. 우리는 이미 죄를 깨닫는 것만으로는 결정적이지 않다는 사실을 살펴보았다. 그러나 그렇다고 죄를 깨닫는 것을 가볍게 다뤄서는 안 된다. 문제는 죄를 깨닫는 깊이가 아니라 죄를 깨달은 결과다.

평안을 얻기까지 길고 고된 죄를 깨닫는 과정을 겪은 그리스도인들에 관해 읽으면서 정말 그렇게까지 해야 하는지 의아해하는 사람들이 많다. 참된 복음의 영향력 아래 성장한 사람들은 통속적인 인생 여정을 살아온 사람들만큼의 공포를 항상 느끼지는 않는다. 또 어떤 사람들은 회심 이후 죄에 대한 감각이 구원받기 이전에 비해 훨씬 더 강해진 것을 발견한다. 그래서 그들은 자신이 진짜 구원받았는지를 의심한다. 여기서 우리는 무엇이 서술이고 무엇이 명령인지를 분별해야 한다. 하나님 나라에 들어갈 사람 중에 꽤나 자주 강하게 죄를 깨닫지 않

---

[3] 이에 대한 요한의 반복된 증거를 요한일서 1:7-2:2; 2:12-14; 3:5-6, 23; 4:2, 9-10, 13-16; 5:1, 5, 10-13, 20에서 볼 수 있다.

는 사람은 거의 없다. 그리고 죄를 깨닫는 것 없이 천국 백성이 되는 경우는 전혀 없다. 어떤 이들에게 죄를 깨닫는 과정은 점진적이고 신중하다. 또 어떤 이들에게는 갑작스럽고 강렬하다. 루디아와 빌립보의 간수를 비교해보라(행 16:11-15, 25-34). 어떤 이들은 "죄를 얼마만큼 깨달아야 충분할까요?"라고 묻는다. 성경은 우리에게 몇 퍼센트인지를 알려주지 않는다! 당신을 자아의 끝으로 데려가 그리스도께로 오게 하는 만큼이면 충분하다.

그 이유는, 성령님께서 일으키시는 죄에 대한 깨달음은, 죄인의 마음이 자신의 불신앙에 대해 애통해할 때 진정한 회개로 이어지기 때문이다. 이것이 바로 사울, 아합, 유다, 벨릭스가 미치지 못한 지점이다. 그들은 죄책감과 후회와 회한과 두려움으로 가득했다. 하나님께서 진노하셨고 그들이 벌을 받아 마땅함을 알고 있었다. 하지만 한탄과 걱정에도 불구하고 그들이 진정으로 회개했다는 이야기는 어디에도 없다. 회개는 후회 이상이다. 그것은 분명 절망이 아니다. 회개는 우리에게 미친 죄의 결과(우리를 심판대에 서게 만든 것)를 인식할 뿐 아니라 죄 자체를, 곧 죄의 불결함과 추악함을 충분히 이해한다. 회개는 죄를 하나님의 관점에서와 그분의 거룩과의 관계 안에서 본다. 회개는 죄에 대한 혐오감, 불법에 대한 애통함, 그리고 죄가 거룩하신 하나님께 매우 역겹기 때문에 그분께 모욕이 된다는 사실을 인지하는 것을 수반한다.

이것을 알 때 우리는 자신의 회개를 회개해야겠다고 느낀다. 하지만 우리는 회개가 향하는 방향에도 주목해야 한다. 회개는 하나님으로부터 도망하는 것이 아니라 하나님을 향해 도망하는 것이다. 그분 안에서 기꺼이 용서하시려는 마음을 보는 것이다. 시편 51편 4절에서 다윗은 하나님을 대하고 있다. 누가복음 15장 18절에서 탕자는 아버지께 말씀드릴 계획을 세운다. 누가복음 18장 10절에서 세리는 성전에 올라가 하나님 앞에 있다. 주님은 요엘을 통해 다음과 같이 말씀하신다.

여호와의 말씀에
너희는 이제라도 금식하고 울며 애통하고
마음을 다하여 내게로 돌아오라 하셨나니
너희는 옷을 찢지 말고 마음을 찢고
너희 하나님 여호와께로 돌아올지어다
그는 은혜로우시며 자비로우시며
노하기를 더디하시며 인애가 크시사
뜻을 돌이켜 재앙을 내리지 아니하시나니(욜 2:12-13).

참된 회개는 죄에 대한 깨달음을 수반한다. 그것은 인간 중심적이라기보다는 하나님께 흠뻑 빠지는 것이다. 참된 회개는 죄로부터 돌이키게 만들고 그 마음을 하나님께로 이끈다. 죄에서 해방되어 순종의 길에서 발견되기를 갈망하게 한다.

회개하는 자를 구주께로 보내는 것이 바로 믿음이다. 믿음은 회개의 쌍둥이 격인 은혜. 회개와 믿음은 늘 서로 손을 잡고 어디든 다니는 자매다. 회개는 죄에서 손을 놓게 하고, 믿음은 그리스도의 손을 붙잡게 한다. 믿음은 아무것도 없는 상태에서 발동되지 않는다. "당신에게는 믿음이 있습니까?"는 넌센스 질문이다. 왜냐하면 믿음은 대상을 필요로 하기 때문이다. 믿음은 단순히 어떤 정보를 믿는 게 아니다(약 2:19 참조). 구원하는 믿음은 주 예수 그리스도를 그 대상으로 삼는다. 복음 안에서 그리스도가 우리에게 주어졌기 때문이다. 믿음은 그렇게 주어진 그리스도를 알고, 영접하고, 받아들이고, 의지한다.

우리가 그리스도보다 확신에 더 많은 관심을 기울일 때 큰 혼동이 찾아온다. 문제는 확신이 우리를 구원하지 않는다는 사실이다. 믿음조차도 그 자체로는 구원하지 못한다. 믿음으로 구원하는 분은 오직 그리스도시다. 우리는 단순히 구원받았다는 사실을 믿는 것이 아니다. 우리는 잃어버린 바 되었으나 그리스도께 도망하여 구원받았다는 사실을 믿는다. 문제는 우리가 선택받았는지 여부가 아니라 우리가 그리스도를 믿고 있는지 여부다. 왜냐하면 선택이 우리에게 믿음이 있다는 보증이라기 보다는, 믿음이 우리가 선택받았다는 확실한 증거이기 때문이다(요 6:29; 요일 5:1). 윌리엄 거널(William Gurnall)의 책에 다음과 같은 말이 있다.

> 선택을 우리 믿음의 근거로 삼아서는 안 된다. 그러나 믿음과 부르심을 우리의 선택을 증명하는 도구나 논거로 삼아야 하는 것은 분명하다. 선택은 참으로 순서상 하나님의 행위의 첫 번째다. 하나님은 우리가 믿기

전에 우리를 선택하신다. 우리 행위의 첫 번째는 믿음이다. 우리는 우리가 선택되었음을 알게 되기 전에 믿어야 한다. 참으로 우리는 믿음으로써 우리가 선택받았음을 안다.…… 당신은 당신 안에서 작동되는 은혜의 사역에 의해 당신이 선택받은 자임을 확실히 안다. 하나님께서 당신의 이름을 생명책에 기록하셨을 때 마치 당신이 그 곁에 있었다는 듯이 확실히 말이다.[4]

자신이 선택받았는지 불확실한 탓에 덫에 빠지고 괴로워하는 사람을 보기란 끔찍하고 비극적인 일이다. 회심하지 않은 사람들은 때때로 자기가 선택받은 자가 아니라는 두려움에 사로잡혀 꼼짝 못 하기도 한다. 그래서 그들은 오직 선택받은 자들만이 믿는 기본 전제를 그들도 따라야 한다는 것이 부당하다는 생각에 빠져서 그리스도를 믿는 일을 멀리한다. 때때로 참된 신자도 이 문제로 어려움을 겪을 때가 있다. 믿음이 약해서 자신이 선택받았는지 의심하는 것이다. 하나님께서 나를 선택하지 않으셨다면 나는 믿어서는 안 된다고 전제하며, 믿음이 점점 약해진다. 하지만 선택 교리는 결코 회개를 방해하거나, 믿음이 약한 자를 무력하게 할 목적으로 의도된 것이 아니다. 분명히 말하지만, 하나님의 주권적인 은혜는 선택 교리에 의해 더욱 커진다. 선택 교리는 그렇게 설교될 수 있고, 또 그렇게 설교되어야 한다.

4] William Gurnall, *The Christian in Complete Armour* (Edinburgh: Banner of Truth, 1964), 96. 언어는 약간 현대화했다.

그러나 복음은 회개하고 그리스도를 믿으라고 우리를 부르지, 자신이 선택받았음을 알라고 부르지 않는다. 왜냐하면 진실로 그렇게 하는 자는 반드시 하나님의 선택을 받은 자들 중 하나이기 때문이다. 이렇듯, 선택은 확신의 원수가 아니라 가장 든든한 지지자가 된다. 우리가 하나님을 확신하게 하고 경건을 추구하게 한다.

그래서 구원하는 믿음은 그리스도를 마음에 품는다. 나사렛 예수님을 하나님이 보내신 주와 그리스도로 이해하고 그분을 유일하고 충분한 죄인들의 구주로 따른다. 그분의 언약적 돌보심에 전적으로 의탁한다. 신인(神人), 하나님과 인간 사이의 중재자, 구속자, 피 묻은 대속 제물, 죄를 가져가는 속죄양으로 여긴다.

믿음은 그리스도를 모든 능력과 위엄, 온유와 자비로 여기며 영원토록 그분을 의지한다. 존 오웬의 빼어난 묘사를 기억하라. 믿음은 예수님을 영접하고, 예수님을 바라보고, 예수님께 나아오고, 예수님께 도망하고, 예수님께 기대고, 예수님을 신뢰하고, 예수님을 붙들고, 예수님을 의지한다. 요약하자면, 자신과 다른 피조물에 대한 모든 소망과 도움을 포기하는 것이다. 그리스도 안에 있는 생명을 얻고자 그리스도께 자기 영혼을 맡기는 것이다. 모든 구원의 복을 그분 안에서 이해하고 파악하는 것이다(엡 1:9-23).

믿음은 우리를 그리스도께로 데려가 그리스도와 연합되게 한다. 하나님께서 그리스도 안에, 그리고 그리스도와 함께 두신 모든 것이 우리의 것이 되도록 말이다. 이것이 바로 우리가 누구인지, 우리가 그리스도 안에서 무엇을 소유하는지에 관해 매우 잘 이해해야만 하는 이유다. 왜냐하면 생명이 그분 안에서 발견되며, 그 모든 변함없는 복과 풍성한 증거가 우리와 그분과의 관계에서 흘러나오기 때문이다.

그렇다면 문제는, "당신은 궁핍한 죄인처럼 회개하며 예수님을 믿고 있는가?"이다. 갑작스런 후회나 일시적인 걱정처럼 "한때 그랬는가?"가 아니라, 현재 실시간으로 "지금 그러한가?"이다. 만약 그렇다면, 그리스도 예수 안에서 생명은 당신의 것이다. 이것이 핵심이며, 따르는 누구에게나 새 생명을 준다는 것을 기억하라. 죽어가는 강도는 구원하는 믿음의 다른 표지들을 나타낼 기회를 갖지 못했다. (만약 그가 살았다면 그렇게 했겠지만 말이다.) 그럼에도 주님은 그에게 "오늘 네가 나와 함께 낙원에 있으리라"(눅 23:43)라고 보증하셨다. 그는 복음서와 서신서를 쓴 사도 요한과 마찬가지로 구원받은 자였다. 왜냐하면 둘 다 같은 예수님을 믿었기 때문이다. 누구든지 예수님을 믿는 자는 비록 그가 어느 순간 믿고 곧바로 죽었을지라도, 그리스도와 함께 하나님 안에 감추어진 생명을 소유한다. 구원하는 것은 당신의 믿음의 정도가 아니라 믿음의 대상인 그리스도시다. 우리가 죽음 앞에서 믿는 것밖에는 달리 할 일이 없을지라도, 우리는 안전하다.

요약하자면, 모든 참된 하나님의 자녀는 하나님의 죄에 대한 진단과 치료책을 겸손히 전심으로 받아들인다. 그는 자기 자신에 대해서는 죄를 짓는 죄인이라는 정확하게 낮은 관점을, 그리스도 예수에 대해서는 그 능력이 충분한 구세주라는 정확하게 높은 관점을 취하게 된다. 성령님의 거부할 수 없는 영향력 아래서 그는 이와 같이 죄를 깨닫는 과정을 정확하게 밟게 된다.

하나님께 헌신함

또 다른 필수적인 표지는 하나님과 그분의 영광에 대한 겸손한 경외심과 즐거운 헌신이다.[5] 앞서 말했듯이, 그리스도인이 되면 모든 것이 변한다(고후 5:17). 그리스도와 연합되어서 죄에 대해서는 죽고 다시 살아나 새 생명 가운데서 행하게 된다(롬 6:4-13). 그 결과, 세계관과 우선순위가 근본적으로 뒤집힌다. 우상이었던 자아는 우리 마음의 왕좌에서 물러나고, 모든 부수적이고 부차적인 우상도 원칙상으로는 완전히, 습관상으로는 점차 버려진다. 팀 챌리스(Tim Challies)는 이렇게 말한다.

> 죄는 본성적으로 반(反)하나님적이고, 본성적으로 친(親)자아적이다. 죄를 지을 때마다 나는 나 자신에 관해 그리고 하나님에 관해(그리고 반[反]해) 성명을 낸다. 죄를 지을 때마다 나는 나 자신의 독립과 하나님을 제거하려는 욕망을 선포한다. 내가 하나님보다 더 잘할 수 있다고, 내가 하나님보다 더 나은 신이라고 선포한다.…… 내가 신일 때 나는 종속된다. 하나님이 하나님이실 때 나는 자유하다. 나는 하나님이 하나님이셔서 하나님께 감사하다.[6]

---

[5] 요일 1:3-5; 2:12-15; 3:1-2; 4:12-13, 19; 5:1-2의 겹겹이 쌓인 증거들을 숙고하라.
[6] Tim Challies, "When I Am God," http://www.challies.com/christian-living/when-i-am-

영생을 소유한 참된 신자는 하나님이 하나님이셔서 하나님께 감사한다. 주님은 영혼의 왕좌 가장 높은 곳에서 다스리신다. 본성적으로 하나님과 원수가 된 마음(롬 8:7)은 하나님을 전심으로 사랑하는 마음(눅 10:27)으로 대체되었다. 겸손한 경외심과 즐거운 헌신을 낳은 채 말이다. 그는 더 이상 자신과의 관계 속에서 하나님을 정의하지 않고, 하나님과의 관계 속에서 자신을 정의한다. 이것 역시 성령님의 일이다.

새로운 마음을 가진 사람은 이제 **하나님을 전혀 새롭고 진실하게 이해**한다.

그는 하나님을 전능하신 창조주로 여긴다. 그분을 힘입어 우리가 살며 기동하며 존재하게 하는 분(행 17:25, 28), 만물을 창조하고 유지하시는 분(요일 1:1-3; 벧후 3:5)으로 말이다. 선지자들과 시편 기자들처럼 그도 만물 안에서 하나님의 손의 일하심을 보며 선포한다. "태초에 하나님이……."

그는 하나님을 대단히 은혜로우신 구속주로 여긴다. 백성을 구원하려는 그분의 자유로운 목적대로 스스로 행동하셨고, 죄인들을 위해 자기 아들을 보내어 고난당하고 죽게 하셨다. 그래서 믿는 자들은 그분이 "나를 사랑하사 나를 위하여 자기 자신을 버리"셨다(갈 2:20)고 말하게 된다. 이렇게 하나님의 의로우심이 증명되고 예수님을 믿는 자 역시 의롭다 칭함을 받는다(롬 3:26). 이 모든 일은 그분의 은혜의 영광을

---

god, 2012년 3월 19일에 열람함.

찬송하게 하려는 것이다(엡 1:6). 그리스도인은 다음과 같은 존 머레이의 말에 동의한다. "하나님께서는 그리스도의 십자가 안에서 그분의 거룩한 진노를 달래신다. 이는 그분의 영광을 구성하는 모든 요소들을 완벽히 지켜내면서 동시에 잃어버린 자들을 향한 그분의 사랑이라는 목적이 성취되게 하기 위함이다."[7] 물론 다른 방법이란 없다.

그는 하나님을 하늘에 계시며, 원하는 모든 것을 행하시는(시 115:3; 135:5-6) 대단히 은혜로우신 주님으로 여긴다. 하나님이 그리스도 안에서 만물의 으뜸이 되신다(골 1:18)는 사실을 기뻐한다. 그는 로마서 11장 36절("이는 만물이 주에게서 나오고 주로 말미암고 주에게로 돌아감이라 그에게 영광이 세세에 있을지어다")을 읽고 "무엇이 이보다 더 적절할 수 있는가!"라고 감탄하며 "아멘!"을 외친다. 사랑스럽지 않은 자들을 사랑하신 하나님의 지극한 사랑이 그의 진심에서 우러난 흠모를 낳는다(요일 4:19-5:2).

그리고 이 사람은 **자신을 전혀 새롭고 진실하게 이해**한다.

하나님의 자녀는 하나님을 보좌에 앉히고, 자신은 절대적인 의존의 자리에 있는 의존적인 피조물로 여긴다. 폭풍 속에서 하나님의 위엄을 마주했던 욥처럼, 그는 티끌과 재 가운데서 자신의 교만한 독립성을 회개한다. 그는 하늘이 하나님의 영광을 선포하는 것을 보고(시 19:1) 그분의 손가락으로 만드신 작품들을 생각하며 겸손해진다(시 8:3). 그는 인간이라는 존재가 주님의 손에 달렸음을 인식한다(행 17:25, 28; 롬 9:20).

---

7) John Murray, *Redemption Accomplished and Applied* (Edinburgh: Banner of Truth, 2009), 25. (『존 머레이의 구속: 구속의 성취와 그 적용』, 복있는사람)

그는 모든 힘이 그분에게서 오며, 모든 은사가 그분이 베푸신 것임을 안다(약 1:17).

또한 하나님의 자녀는, 자신을 전적인 의존과 은혜의 관계를 필요로 하는 궁핍한 죄인으로 인식한다. 본성상 허물과 죄로 죽었던 그가, 죽은 자 가운데서 일으킴을 받아 그리스도와 함께 천국에 앉았다. 진노의 자녀였던 그가, 하나님의 가족으로 입양되었다. 다윗 앞의 므비보셋처럼 그는 "이 종이 무엇이기에 왕께서 죽은 개 같은 나를 돌아보시나이까?"(삼하 9:8)라고 의아해한다. 그는 자기가 은혜로 구원받았으며, 모든 복은 그 샘의 원천에서 흘러나와야 함(모든 경건은 주님께로부터 옴)을 안다.

더 나아가 그는 자신이 입양된 아들이며, 모든 순종을 기꺼이 하는 종인 것을 안다. 성전 안에 있던 이사야처럼, 그는 "내가 여기 있나이다 나를 보내소서"(사 6:8)라며 자기 자신을 드린다. 그리스도의 얼굴에서 빛나는 하나님의 영광에 사로잡힌 다메섹의 사울처럼, 그는 "주여 누구시니이까"(행 9:5)라고 여쭐 수밖에 없다. 이제 그가 사는 삶은, 그를 사랑하사 그를 위하여 자기 자신을 버리신 하나님의 아들을 믿는 믿음으로 사는 삶이다(갈 2:20). 그는 그분께로부터 오는 모든 생명과 힘이 그분을 위한 것임을 안다. 그는 그리스도의 대의를 위해 이를 모두 사용하고는, 자신은 해야 할 일을 했을 뿐이라며 무익한 종으로 남는다(눅 17:10). 그는 의심의 그림자를 거두고 이렇게 노래할 수 있다.

나의 존재는 무엇입니까, 오직 당신을 위함이 아닙니까?

당신은 확실한 도움이시요, 가장 고상한 목적이 아니십니까?[8]

그는, 성육신하신 성자께서 그러셨듯이, 하나님께서 만유의 주이시기를 갈망한다(고전 15:28).

그리고 이 모두는 '하나님을 향한 전혀 새롭고 진실한 헌신'을 낳는다. 참된 경건은 하나님에 대한 인식과 자신에 대한 인식 사이에서 계발된다. 존 칼빈(John Calvin)은 "참되고 견고한 지혜는 크게 두 가지로 이루어진다. 하나님을 아는 지식과 우리 자신을 아는 지식이다"[9]라고 말한다. 왜냐하면 이 둘 사이에서 우리는 점점 더 하나님의 지극히 훌륭하심과 우리 헌신의 근거를 알게 되기 때문이다. 이 지식은 시간이 흐를수록 커지는데, 이에 대한 바울의 감각이 어떻게 발전해가는지 궤도를 추적해보라.

고린도전서 15장 9-10절에서 그는 "나는 사도 중에 가장 작은 자라 나는 하나님의 교회를 박해하였으므로 사도라 칭함 받기를 감당하지 못할 자니라 그러나 내가 나 된 것은 하나님의 은혜로 된 것이니 내게 주신 그의 은혜가 헛되지 아니하여"라고 말한다.

에베소서 3장 8절에서는 "모든 성도 중에 지극히 작은 자보다 더 작

---

8) Philip Doddridge, "My Gracious Lord, I Own Thy Right."
9) John Calvin, *The Institutes of the Christian Religion*, ed. John T. McNeill, trans. Ford Lewis Battles (Philadelphia: Westminster, 1960), 1.1.1. (『기독교강요』, 생명의말씀사).

은 나에게 이 은혜를 주신 것은 측량할 수 없는 그리스도의 풍성함을 이방인에게 전하게 하시고"라고 말한다.

그리고 말년에 이르러 디모데전서 1장 15-16절에서는 "미쁘다 모든 사람이 받을 만한 이 말이여 그리스도 예수께서 죄인을 구원하시려고 세상에 임하셨다 하였도다 죄인 중에 내가 괴수니라 그러나 내가 긍휼을 입은 까닭은 예수 그리스도께서 내게 먼저 일체 오래 참으심을 보이사 후에 주를 믿어 영생 얻는 자들에게 본이 되게 하려 하심이라"라고 선포한다.

하나님의 위엄과 그리스도의 충족성과 자신의 필요에 대한 바울의 인식이, 그가 인생을 살아감에 따라 서로 발맞추며 어떻게 발전했는지 보이는가? 하나님의 위대하심이 크게 보일수록 자아는 하찮아 보인다. 그리고 그 간격은 감사와 겸손과 진정과 사랑과 열정으로 채워진다.

그러므로 영생을 소유한 자는 한때는 자아를 위해 살았으나 이제는 하나님을 위해 산다. 그가 받은 은혜에 대한 감사는 죄에 대한 깨달음과 하나님의 뛰어나심에 대한 기쁨을 강화하고 서로 조화시킨다. 그리고 산 제물로서 살아갈 것을 요구한다(롬 12:1-2). 상급도, 천국도 없다 하더라도 그는 여전히 하나님을 기뻐할 것이다. 왜냐하면 하나님은 그 자체로 기쁨을 주는 분이시기 때문이다. 그는 자기 지성과 감성과 의지의 핵심에 있어서 하나님과 함께하는 삶을 추구한다.

분명 그런 성향은 우리가 하나님의 자녀인 것을 증언하는 양자의 영께서 우리 안에 계시다는 증거다. 영혼이 그런 갈망을 내뱉기 시작할 때, 그런 갈망은 누구로부터 올 수 있을까? 우리가 자신의 하찮음과 자격 없음을 가장 많이 느낄 때가 곧 성령님께서 우리와 가장 가까이 계실 때라는 사실은 영적인 아이러니다. 우리가 우리 죄 때문에 가장 낮아지고 비참함을 느끼고 있을 때가 우리 마음에 부는 성령님의 달콤한 숨결을 누릴 때다. 그분은 우리로 "아빠 아버지"(롬 8:15)라고 부르짖게 하신다. 그런 사람의 마음은 다음과 같이 증언한다.

> 하늘에서는 주 외에 누가 내게 있으리요
> 땅에서는 주 밖에 내가 사모할 이 없나이다
> 내 육체와 마음은 쇠약하나
> 하나님은 내 마음의 반석이시요 영원한 분깃이시라(시 73:25-26).

자기를 어두운 데서 불러내 기이한 빛에 들어가게 하신 분의 아름다운 덕을 선포하게 하는(벧전 2:9) 데는 큰 설득이 필요 없다. 그는 이렇게 기도한다.

> 하늘에 계신 우리 아버지여
> 이름이 거룩히 여김을 받으시오며
> 나라가 임하시오며
> 뜻이 하늘에서 이루어진 것 같이
> 땅에서도 이루어지이다……

나라와 권세와 영광이

아버지께 영원히 있사옵나이다(마 6:9-13).

그리고 그는 위선자가 아니다. 그는 자기의 시간, 에너지, 은사, 은혜, 능력, 노력을 이 위대한 목적에 기꺼이 바친다. 아주 작은 일에 있어서도 말이다(고전 10:31). 그가 "인간의 가장 우선되는 목적이 무엇입니까?"라는 질문을 받으면, 다음과 같이 대답한다. "인간의 가장 우선되는 목적은 하나님을 영화롭게 하고 그분을 영원토록 즐거워하는 것입니다." 자기와 같은 버러지의 입술에서 이런 신실한 답이 나오다니, 벅찬 마음으로 부끄러움과 기쁨의 눈물을 흘리면서 말이다. 그리스도 안에서 하나님은 그에게 만유의 주이시고, 그는 그것을 더 많이 알고 느끼고 증명하기를 갈망한다.

거룩에서 자라남

세 번째 표지는 점차적으로 거룩을 획득해가면서 경건을 철저히 추구하는 것이다.[10] "이것이 없이는 아무도 주를 보지 못하리라"(히 12:14). 왜냐하면 "두 사람이 뜻이 같지 않은데 어찌 동행하겠"는가?(암 3:3) 위선자는 거룩이라는 명목만으로도 만족하지만, 그리스도인은 거룩의 참된 본질을 추구한다. 세상의 자녀는 거룩이라는 평판을 기뻐하지만,

---

[10] 요일 2:3-8, 15-16, 19, 29; 3:3, 6, 10, 24; 4:13; 5:2-5, 21의 무게를 느껴보라.

참된 하나님의 자녀는 그 실재에만 만족한다. 그리스도인은 자기 죄를 덮기를 구하지 않고 자기 죄에서 낫기를 구한다. 하나님의 은혜를 계속해서 죄를 짓는 핑계거리로 삼는 자는 사탄의 논리를 사용하는 것이요 참된 성도가 아니다(롬 6:1). 사람이 회심할 때 그 자아는 왕좌에서 물러나고 하나님께서 왕좌에 오르신다. 세상은 그 통치권을 잃고 죄의 사슬은 부서진다. 그리고 자기 죄를 매일, 심지어는 매시간 회개한다. 신자는 새 생명 안에서 믿음으로 행하기를 추구한다. 그리고 새 생명은 하나님께 순종함으로 실행된다.

그리스도인을 그렇게 살도록 이끄는 원리는 "주를 향하여 이 소망을 가진 자마다 그의 깨끗하심과 같이 자기를 깨끗하게 하느니라"(요일 3:3)이다. 그리스도인이 과거에 지녔던 죄에 대한 애착과, 또 부끄러움을 모르고 회개하지 않고 죄를 짓는 꾸준한 습관은, 살아계신 그리스도와 연합된 결과 산산이 부서졌다(롬 6:8-14). 새로운 뿌리가 새로운 열매를 낳는다. "좋은 나무가 나쁜 열매를 맺을 수 없고 못된 나무가 아름다운 열매를 맺을 수 없느니라 아름다운 열매를 맺지 아니하는 나무마다 찍혀 불에 던져지느니라 이러므로 그들의 열매로 그들을 알리라"(마 7:18-20; 12:32-35 참조). 그것이 바로 요한이 계속해서 죄를 짓는 자는 참된 신자가 아니라고 말한 이유다. (요한이 말하는 것은, 절대적이고 완전한 죄의 부재가 아니라, 계속해서 부주의하게 되풀이 되는 죄의 종말인 것을 주목하라.)

세상에 대한 사랑은 십자가 그늘 아래서 죽었다(갈 6:14; 약 4:4). 세상과의 일치, 세상과의 동행, 세상을 위한 타협은 더 이상 그리스도인의 입맛에 맞지 않는다. 바울은 고린도 교회에게 거룩은 그리스도인의 삶에서 추가 선택 항목이 아니라 필수적인 요소라고 이해시킨다.

> 너희는 믿지 않는 자와 멍에를 함께 메지 말라 의와 불법이 어찌 함께 하며 빛과 어둠이 어찌 사귀며 그리스도와 벨리알이 어찌 조화되며 믿는 자와 믿지 않는 자가 어찌 상관하며 하나님의 성전과 우상이 어찌 일치가 되리요 우리는 살아 계신 하나님의 성전이라 이와 같이 하나님께서 이르시되
>
> 내가 그들 가운데 거하며 두루 행하여
> 나는 그들의 하나님이 되고
> 그들은 나의 백성이 되리라
> 그러므로 너희는 그들 중에서 나와서 따로 있고
> 부정한 것을 만지지 말라
> 내가 너희를 영접하여
> 너희에게 아버지가 되고
> 너희는 내게 자녀가 되리라
> 전능하신 주의 말씀이니라 하셨느니라(고후 6:14-18).

고린도전서 5장과 6장에서 바울은 이 성도들이 회심 전에 어떤 공적이고 악랄한 죄에 얽매여 있었는지(고전 6:9-10) 기록하고, 그런 되풀

이에서 벗어나려 애쓰고 있다고 말한다. 고린도후서 6장에서 바울은 거룩에 대한 신성한 명령을 강조하기 위해, 하나님께서 이 땅에 거주하시는 곳인 성전을 비유로 들며 연속해서 구약을 인용해(레 26:12; 출 29:45; 사 52:11; 겔 20:34; 사 43:6; 삼하 7:14) 주장을 펼친다.

이 모두가 고린도후서 7장 1절의 다정하지만 강력한 간청으로 이어진다. "그런즉 사랑하는 자들아 이 약속을 가진 우리는 하나님을 두려워하는 가운데서 거룩함을 온전히 이루어 육과 영의 온갖 더러운 것에서 자신을 깨끗하게 하자." 구속받은 자는 그 안에 하나님께서 그리스도 안에서 성령님에 의해 내주하시기 때문에, 주님을 경외하는 마음으로 거룩을 추구하기 위해 세상에 대한 불건전한 애착을 낳는 모든 타협 및 죄와 완벽하게 단절된다. 이것이 요한의 요점, 곧 영생의 표지다. 물론 그리스도와 연합되지 않는다면, 우리는 그것을 해낼 수도 없고 해내지도 못할 것이다. 그러나 일단 우리가 그리스도 안에서 살게 되면, 그것은 불가피한 결과로 뒤따른다.

이 말이 세상과 당신을 단절시키라는 뜻은 아니다(고전 5:10; 마 5:14-16 참조). 그보다는 수동적이면서 능동적인, 거룩으로의 부르심이다. 이 부르심은 수동적으로는, 옷이 벗겨지고 죽음에 처하고 육체와 영혼의 모든 부정을 벗는 것과 관련된다. 안팎으로 어둠의 영역에 속한 모든 것을 의도적으로 단호하게 피하고 거절하고 파괴하는 것이다. 하지만 그것은 죄의 부재 이상이다. 왜냐하면 능동적으로는, 육체와 영혼의 모든 의로움을 추구하고 받아들이고 계발하는 것과 관련되기 때문이다.[11] 그것은 안팎으로 하나님 나라에 속한 모든 것에 대한 의도적이고 단호한 갈망이자 계발이다.[12]

구속받은 죄인으로서 우리는 삶의 모든 면에서 세상으로부터, 그리고 하나님을 향해 부르심을 받는다. 세상을 벗고 하나님을 입는다. 세상을 치우고 하나님을 모신다. 죄를 죽이고 생명을 일으킨다. 이렇게 하면서 우리는 신령한 본보기를 갖는다. 이것은 깜짝 놀랄 만한, 심지어는 압도당할 만한 일이다. "주를 향하여 이 소망을 가진 자마다 그의 깨끗하심과 같이 자기를 깨끗하게 하느니라"(요일 3:3). 베드로도 같은 말을 한다. "그러므로 너희 마음의 허리를 동이고 근신하여 예수 그리스도께서 나타나실 때에 너희에게 가져다 주실 은혜를 온전히 바랄지어다 너희가 순종하는 자식처럼 전에 알지 못할 때에 따르던 너희 사욕을 본받지 말고 오직 너희를 부르신 거룩한 이처럼 너희도 모든 행실에 거룩한 자가 되라 기록되었으되 내가 거룩하니 너희도 거룩할지어다 하셨느니라"(벧전 1:13-16).

이 본은 신자를 그저 도덕적인 사람 혹은 겉으로만 종교적인 사람과 구별한다. 우리는 우리의 지식을 따라 우리 마음대로 선을 정의하지 않는다. 우리는 본을 따른다. 경건을 향한 갈망도 기쁨도 결심도 없는 자는 하나님께서 규정하시고 증명하셨듯이, 그리스도인이 아니다.

---

11) 롬 6:13; 13:12; 갈 5:19-25; 엡 4:22-24; 5:11; 골 3:8-14; 벧전 2:1-2를 보라. 경건의 수동적이고 능동적인 면을 면면히 추적하는 기회를 가져보기 바란다.
12) 딛 2:12-14과 요일 2:6-7, 15-17, 29; 3:3-4, 6, 10, 24; 5:3-5, 21을 보라. 다시 말하지만, 그 안에 담긴 비교와 대조를 살피기 위해 이 본문들을 읽어보기 바란다.

이 본이 인간의 모습을 한다면 누구라 하겠는가? 바로 예수 그리스도시다. 우리는 그 본을 따른다(롬 8:29). 그분은 성육신한 하나님이시고 구현된 경건이시다(요 4:34; 6:38). 한결같고 의식적이고 모든 것을 아우르는 경건에 기꺼이 순종하는 일은 그리스도를 본받은 행동이며, 오직 그리스도와의 연합으로만 얻어진다. 다음은 자기 백성을 위한 주님의 기도다. "내가 비옵는 것은 그들을 세상에서 데려가시기를 위함이 아니요 다만 악에 빠지지 않게 보전하시기를 위함이니이다 내가 세상에 속하지 아니함 같이 그들도 세상에 속하지 아니하였사옵나이다 그들을 진리로 거룩하게 하옵소서 아버지의 말씀은 진리니이다 아버지께서 나를 세상에 보내신 것 같이 나도 그들을 세상에 보내었고 또 그들을 위하여 내가 나를 거룩하게 하오니 이는 그들도 진리로 거룩함을 얻게 하려 함이니이다"(요 17:15-19).

우리는 앞선 본을 따라 의도적으로 거룩을 추구해야 한다. 삶의 어느 부분도 이 명령에서 예외란 없다. 주일에만 추구할 것도 아니며, 그리스도인들과 있을 때에만 혹은 다른 사람들 앞에서만 추구할 것도 아니다. 이는 우리가 하나님 앞에서 살아가는 모든 순간, 모든 상황을 요구하는 명령이다. 시간과 장소와 함께하는 사람과 상관없이 경건의 흔적이 있어야 한다. 거룩을 추구하는 것은 손님이 집에 온다고 해서 소파 밑에 먼지를 쓸어 넣고 벽장에 온갖 쓰레기를 집어넣는 것과는 다르다. 그보다는 순결하기를 전력으로 추구하며 모든 방을 열고 점검하는 그런 삶이다.

하나님의 자녀는 베드로의 명령을 따른다. "오직 너희를 부르신 거룩한 이처럼 너희도 모든 행실에 거룩한 자가 되라"(벧전 1:15). 그리스도인은 매일 자기 십자가를 지고 끝까지 자기 주인을 따른다(마 16:24-25). D. A. 카슨(D. A. Carson)은 우리를 다음과 같이 일깨운다.

> 인간은 거룩을 향해 나아가지 않는다. 은혜가 이끄는 노력이 없이는 인간은 경건, 기도, 성경에의 순종, 그리스도에 대한 믿음과 기쁨으로 이끌리지 않는다. 우리는 타협에 이끌리고 그것을 인내라 부른다. 우리는 불순종에 이끌리고 그것을 자유라 부른다. 우리는 미신에 이끌리고 그것을 믿음이라 부른다. 우리는 자제력을 잃은 채 방치하길 좋아하고 그것을 휴식이라 부른다. 우리는 게을러 기도하지 않으면서도 스스로 착각하기를 율법주의에서 벗어났다고 한다. 우리는 불경건을 향해 미끄러져 가면서도 스스로 확신하기를 자유케 되었다고 한다.[13]

여기서 성도의 삶은 명백하다. 성도는 만약 자신이 목적 없이 표류한다면, 자신의 삶은 죄를 향해 갈 것임을 안다. 그래서 그는 경건을 향해 나아간다. 다음 장에서 살펴보겠지만, 바울은 구원이라는 현실이 우리의 전 존재에 밀착되어 있음을 확실히 해두라고 강권한다. 경건이라는 효모를 주물러서 삶이라는 반죽을 만들라고 말이다. 신실한 신자

---

13) D. A. Carson, *For the Love of God, Volume 2* (Wheaton, Ill.: Crossway, 2006), 1월 23일의 내용.

는 자기의 행위를 생각하고 하나님의 증거들을 향해 자신의 발길을 돌이킨다(시 119:59). 그는 자신의 순종이 그의 구원받은 전인격으로 확장되는지, 꾸준하고 한결같은지, 강요가 아닌 자원하는 마음에서인지 그리고 끝까지 유지되는지에 관심이 있다.

이쯤에서 당신은 두 손을 들고 이렇게 말하고 싶을지 모르겠다. "그게 표준이라면, 전 이미 끝났어요!" 이 말이 어쩌면 절망적인 체념으로 들릴지 모르겠다. 만약 그렇다면, 우리가 보고자 하는 것이 눈에 보이는 성장인지 신중하게 고려해야 한다.

성도의 표지는 현재, 죄 없이 완벽한 것이 **아니다**. 요한은 과거든 현재든 죄 없다고 주장하는 사람은 누구나 스스로를 속이는 것이라고 말한다(요일 1:8-10). 우리가 추구하는 표지는 거룩을 점점 더 획득해가면서 경건을 굳건히 추구하는 것이다. 힘들고 고되지만 시간이 흐를수록 진정한 성장이 있다. 그것은 결코 쉽다거나 고통이 없다고 할 수 없다. 오히려 어렵고 고통스럽다. 그리스도께서는 전쟁이 없다고 약속하지 않으신다. 그분은 자신이 지금 악의와 권세를 가지고 희롱하는 열성적인 적의 반대편에 서신 것처럼, 우리에게도 사나운 원수들과 대적하는 큰 전쟁이 있을 거라고(롬 7:13-25; 엡 6:10), 그러나 전쟁 그 자체가 바로 생명의 증거라고 약속하신다.

다음의 두 시를 잘 읽어보라. 첫 번째 시는 존 뉴턴의 것인데, 어리석게도 성화가 쉽게 이루어지기를 소망했던 한 남자가 성화에 관해 극도로 정직하게 말하고 있다.

주님께 여쭈었다네, 내가 성장하겠냐고.
믿음과 사랑과 은혜에 힘입어
그분의 구원을 더욱 알아가겠냐고.
그리고 더욱 열심히 그분의 얼굴을 구했다네.

기도하는 법을 가르쳐주신 분은 주님이시라네.
그러면 내가 믿는 그분이 기도에 응답하신다네!
하지만 그런 방식은 거의
나를 절망으로 몰고 갈 뻔했다네.

나는 내가 선호하는 어떤 시간에
즉시 그분이 내 요구에 응하시기를 바랐다네.
그분의 사랑의 강제하는 능력으로
내 죄를 굴복시키고 나에게 안식을 주실 거라 말이네.

하지만 대신에 그분은 내가
내 마음속 숨겨둔 악을 느끼게 하셨다네.
그리고 지옥의 성난 힘이
내 영혼의 구석구석을 공격하게 하셨다네.

게다가, 그분은 마치 자기 손으로 직접

내 모든 비통함을 악화시키시려는 것 같았다네.
내가 짜놓은 모든 멋진 계획에 줄을 그으시고는
내 머리를 박살내고 나를 때려눕히셨다네.

'주님, 어찌하여!' 나는 부들부들 떨며 울부짖었다네.
'당신은 당신의 벌레가 죽기를 바라십니까?'
주님께서 대답하셨다네. '이것이 바로,
은혜와 믿음을 달라는 기도에 대한 나의 응답이란다.'

'나는 내적 시련들을 사용한단다.
자아로부터, 교만으로부터, 너를 해방시키기 위해.
나는 네가 계획한 세속적인 즐거움을 깨뜨린단다.
그래야 네가 내 안에서 너를 발견하게 될 테니.'

뉴턴의 결론은 성화가 어떻게 이뤄지느냐를 말하는 것이 아니다. 그의 말은 성화가 참이라는 것이다. 조셉 하트(Joseph Hart)는 "역설"(The Paradox)이라는 시에서 더 간략하게 표현한다.

그리스도인이 가게 될 여정은 얼마나 이상한지!
그가 디뎌야 할 길은 얼마나 당혹스러운지!
그의 행복에의 소망은 두려움에서 일어나고

그의 생명은 죽은 자에게서 받는다네.

그의 가장 멋진 허세들에는 작별을 고해야 하고,
그의 가장 좋은 결심들에는 줄을 그어야 한다네.
그는 완벽하게 구원받기를 기대할 수 없다네.
자신이 철저히 잃어버린 바 되었음을 발견하기까지는.

이 모두가 성취될 때
죗값이 온전히 치러졌음을 그의 마음이 확신하게 될 때
그분의 사면이 서명될 때, 그분의 평화가 얻어질 때
그 순간부터 그의 싸움이 시작된다네."

싸움의 유일한 이유는 그가 그리스도 안에 있기 때문이다. 그 의지와 행함의 근거는 그 마음에서 일하시는 하나님의 사역에 있다(빌 2:12-13; 골 2:6 참조).

그러므로 만약 당신이 그리스도인의 삶을 그래프로 그린다면, 그것은 부드럽고 균일한 상향곡선이 아닐 것이다. 히틀러의 나치에 대한 연합군의 승리가 지도 위에서 한결같이 변함없는 움직임으로 추적되지 않듯이 오히려 거기에는 고통스러운 패배, 괴로운 내리막, 이해하기 어려운 정체기가 있다. 하지만 시간이 지남에 따라 최선의 조화를 이룬 선이 계속해서 우상향의 궤도를 보여준다.

물론, 그리스도인은 때때로 방황한다. 때때로 방어 자세를 취하기도 하고, 슬프게도 신앙을 버리기도 한다. 하지만 그의 삶의 전반적인 어조와 취지는 전진이다. 그는 죄의 패턴을 거듭 회개해서 완패시키고 경건을 계발한다(요일 1:9–2:2). 그가 자신의 죄악된 욕망과 갈망을 줄여가는 데서, 전쟁에 활발히 참여하는 데서, 죄를 덜 짓게 되는 데서, 더 기꺼이 회개하는 데서, 죄로 돌아가는 빈도가 줄어드는 데서, 성령의 열매를 드러내는 데서 그것이 보인다. 참된 구원의 이 모든 표지에서 우리는 "나는 지금 어디에 있는가?"가 아니라 "나는 지금 어디까지 왔는가?"를 물어야 한다.

기억하라. 그중에 어느 하나도 새로운 출생 및 성령님의 내주하심과 동떨어져서 일어나지 않는다. 이것이 어느 정도 당신의 경험이라면, 그리스도의 영께서 당신 안에 일하시기 때문일 수밖에 없다. 자연적으로는 결코 일어나지 않는다. 인간의 영혼 안에 하나님의 생명이 열매를 맺었기 때문일 수밖에 없다. 만약 당신 안에 새 생명의 표지를 볼 수 있다면, 아직 활짝 꽃피우진 못했더라도 그 봉우리가 솟아나는 것을 볼 수 있다면, 그 기원을 부인하지 말고 그것이 성령님의 생명의 표지인 것과 장차 올 것의 확실한 표지임을 기뻐하라. "하나님이 미리 아신 자들을 또한 그 아들의 형상을 본받게 하기 위하여 미리 정하셨으니 이는 그로 많은 형제 중에서 맏아들이 되게 하려 하심이니라 또 미리 정하신 그들을 또한 부르시고 부르신 그들을 또한 의롭다 하시고 의롭다 하신 그들을 또한 영화롭게 하셨느니라"(롬 8:29–30).

성도를 향한 사랑

앞서 살펴보았고 또 앞으로 더 자세하게 살펴보겠지만, 성도는 진행 중인 작품이다. 하나님은 그들이 사랑스럽지 않았을 때에도 모든 참된 신자들을 사랑하셨다. 이것이 그분의 은혜의 경이로움이다(겔 16:1-14; 롬 5:8-10; 엡 2:4-7). 그 하나님의 사랑이 우리를 사랑스럽게 만들기 위해 우리 안에서 일하고 있다. 그래서 언젠가 (믿음이 눈에 보이는 언젠가) 모든 성도가 그리스도 안에서 하나님의 형상을 똑 닮게 될 것이다. 그분의 참모습 그대로 보게 될 때 (할렐루야!) 우리는 그분처럼 될 것이다(요일 3:1-2). 그래서 '이미'와 '아직'의 긴장 사이에 낀 이 시대에, 참된 기독교의 또 다른 필수적인 표지가 드러난다. 하나님의 구속받은 백성을 향한 애정과 애착이다.[14] 영생을 소유한 모든 참된 성도는 다른 성도를 사랑한다. 우리는 현재 완벽한 사람들이 아니라 불완전한 사람들(진행 중인 다른 작품들)을 사랑하라고 부르심을 받는다.

공허한 사랑 고백이 참 많다. 사랑은 단순히 함께하거나 가까이 있는 것이 아니다. 돌발적이지도 우연하지도 않다. 당신이 우연히 하나님의 백성들 가운데 있게 되었다고 해서 당신이 그들 중 하나가 되는 것은 아니다. 염소가 양들 가운데 있다고 해서 염소가 양이 되거나 양으로 취급되지 않듯이 말이다. 염소가 영생을 상속받으려면 양이 되어야 한다. 때마침 양들과 함께 있다고 해서 그게 사랑은 아니다.

---

14) 이 문제에 관하여 요한일서 2:9-11; 3:10-18, 23; 4:7-11; 4:20-5:2를 깊이 생각하라.

자연스런 애정도 사랑이 아니다. 성도는 진행 중인 작품이기에 계속해서 전진하고 있다. 우리는 모두 잡초가 제거되고 열매가 자라기를 훨씬 더 바라는데, 점점 더 그리스도를 닮는 일은 종종 여러 면에서 그리스도인들을 기쁘게 한다. 거친 모서리가 부드러워지고, 편안함과 따뜻함, 겸손함, 친절함, 용납함이 성도들에게 더욱 호감을 느끼게 한다. 침울하고 비통하고 시무룩한 그리스도인은 용어상 모순이어야 한다(그 둘이 붙기를 누가 바라겠는가!). 건강한 성도는 유쾌한 동료일 거라고 여겨진다(주 예수님에 관해 말하고, 세상과 타협하기를 거부하고, 사람들이 구원받아야만 한다고 주장하는 등 어떤 이들이 성가신 성향이라고 여기는 면을 제외하고는). 아마도 이를 더욱 강화하는 그 밖의 애착들, 가족의 유대감, 우정 등이 있을 수 있지만, 성도를 좋아하는 것이 반드시 생명의 표지인 것은 아니다.

돈을 위한 애착도 사랑이 아니다. 다시 말하지만, 성장하는 신자는 겸손하고 관대하며 그리스도를 본받아 모든 사람에게, 특히 믿음의 권속에게 선을 행한다. 이런 이유로 그리스도인은 돈을 잘 꾸어주는 사람으로 간주될 수 있다. 우리 동네에 어떤 남자가 와서 노방 설교를 했는데, 그는 자기가 예수님을 얼마나 사랑하는지 1분간 전하고는 나머지는 자신의 위시 리스트(wish list)를 늘어놓았다. 그만큼 뻔뻔하지는 않을지라도, 어떤 이들은 그들이 존경, 친절, 물질적 혜택 면에서 무언가 얻어낼 것이 있다고 생각하기에, 혹은 모두가 종이 되려는 곳에서는 중요한 인물이 되기가 비교적 쉽기에 교회에 속한다. 하지만 이것은 새 생명의 표지가 아니다.

당파심, 일종의 갱단과 같은 사고방식도 사랑이 아니다. 어떤 사람들은 올바른 교파, 공동체, 연합체로 여겨지는 곳에 속하기를 원한다. 아니면 적어도 가장 크고 풍요롭고 강력하고 빠르게 성장하는 곳에 속하기를 원한다. 어떤 사람들은 무리의 일부가 되기를 좋아한다. 청년들 가운데 소외되지 않기 위해 회심했다고 신앙을 고백하는 경우가 얼마나 잦은가? 어떤 사람들은 소속감과 동지애를 좋아한다. 특정 스포츠팀을 지지하는 것과 조금 닮았다. 같은 유니폼을 입고, 같은 노래를 부르고, 같은 모임에 간다. 그래서 어느 정도의 안정감을 누린다. 어떤 사람들은 교회가 무엇에 반대하는지를 알고 (혹은 교회가 진실로 무엇을 위한 곳인지 전혀 모르면서도 안다고 생각하고) 합류한다. 왜냐하면 그들도 같은 것에 반대하기 때문이다. 어떤 사람들은 선한 싸움이나 토론을 좋아하는데, 교회가 그것을 찾아내거나 시작하기에 좋은 장소로 보일 수 있다. 또 어떤 사람들은 약간의 지적인 자극이나 올바른 행위를 하는 사람들을 찾는다. 하지만 이것은 하나님께서 정의하시는 성도를 향한 사랑이 아니다.

하지만 만약 이 중에 어떤 것도 우리가 찾는 게 아니라면, 형제 사랑의 진정한 근원은 무엇인가? 참된 하나님의 자녀의 표지가 되는 경건한 사랑은 우리가 사랑받은 경험에 의해 만들어진다.

사랑하는 자들아 우리가 서로 사랑하자 사랑은 하나님께 속한 것이니 사랑하는 자마다 하나님으로부터 나서 하나님을 알고 사랑하지 아니하는 자는 하나님을 알지 못하나니 이는 하나님은 사랑이심이라 하나님의 사랑이 우리에게 이렇게 나타난 바 되었으니 하나님이 자기의 독생자를 세상에 보내심은 그로 말미암아 우리를 살리려 하심이라 사랑은 여기 있으니 우리가 하나님을 사랑한 것이 아니요 하나님이 우리를 사랑하사 우리 죄를 속하기 위하여 화목 제물로 그 아들을 보내셨음이라 사랑하는 자들아 하나님이 이같이 우리를 사랑하셨은즉 우리도 서로 사랑하는 것이 마땅하도다(요일 4:7-11).

우리는 사랑받음으로써 사랑하는 법을 배운다. 그리고 그 사랑이 우리가 하는 사랑의 본이 된다. 목사이자 신학자인 싱클레어 퍼거슨(Sinclair Ferguson)은 하나님께서 우리에게 어떤 분이신지 우리가 믿는 대로 타인에게 가서 그런 존재가 되어줄 것이라고 말한다. 만약 그러하다면, 우리 중에 얼마나 많은 이들이 그리스도 안에서 우리에게 주신 하나님의 사랑을 묵상하는 데 더 많은 시간을 보내겠는가? 만약 우리가 스스로 사랑스럽지 않다는 생각에 사랑받는 것을 상상하거나 용납하지 못한다면, 만약 우리가 그렇게 사랑받았다는 사실을 믿지 않는다면, 우리는 이 사랑을 타인에게 전하기 어려울 것이다. (그래서 확신의 결여가 악의 순환이 될 수 있다.) 하나님의 사랑으로 사랑받은 사람만이 하나님의 사랑에 가까운 사랑을 시작할 수 있다.

이 사랑을 본으로 삼아, 참된 하나님의 자녀는 다른 신자들을 사랑한다. 그들이 하나님께 '사랑받은' 자이기 때문이다. 하나님은 영원한 사랑으로, 흔들리지 않는 압도하는 사랑으로 그들을 사랑하셨고, 그리스도 예수 안에서 그들에게 그분의 은혜를 부어주셨다. 그들은 그분이 낳으신 아들들이요(요일 5:1) 그리스도의 속죄 사역으로 구속받은 자들이다. 하나님이 사랑하신 자들을 사랑하는 것은 하나님과 닮았다. 그것이 경건이다. 당신에게는 불쾌한 조카나 까다로운 사촌이 있을 것이다. 말썽쟁이 손주도 있을 것이다. 하지만 당신은 자신의 형제자매, 자녀, 친구를 애정하듯이 그들을 애정한다. 우리도 그렇다. 우리는 성도들을 하나님께 사랑받은 자로 본다. 그래서 우리는 그들을 사랑한다. 하나님은 그분의 백성을 그들의 남은 죄에도 불구하고 이 땅에서 빼어난 존재라고 선포하신다. 새로워진 영혼은 그분의 생각에 동의한다. 그렇게 되기까지 많은 수고가 있겠지만 말이다.

참된 하나님의 자녀는, 신자들 안에 있는 것 때문에 그들을 사랑한다. 하나님의 형상이 그들 안에 도장 찍혀 있다. 그리스도를 닮아감이 그들 안에 점차 분명해진다. 성령님의 내주하심이 그들 안에서 명백해진다. 그들은 하나님이 거룩하시듯 거룩해진다. 그분이 순결하시듯 스스로를 정결하게 한다. 하나님과 경건을 사랑하는 법을 배워가는 자의 마음을 격려한다. 형제자매 안에서 하나님께 속한 것을 발견한다. 그래서 하나님의 자녀들이 성숙해짐에 따라 그들의 체격과 성품과 습관에서 우리를 사랑하신 분의 형상을 보기를 소망한다. 그리고 그것이 우리의 마음을 더욱 끌어당긴다. 그들은 자기 아버지를 꼭 닮았고, 당신은 그 아버지를 사랑하기에 그들을 사랑한다. 당신은 참된 경건을 보기를 기뻐한다. 그리고 참된 경건이 다른 성도들의 삶에서 점점 커지는 것을 볼 때도 그렇다.

당신이 참된 신자들을 사랑하는 또 다른 이유는 그들이 당신에게 의미 있는 존재이기 때문이다. 그들은 그리스도 예수께서 머리이신 몸의 지체이며(고전 12:12-14, 26-27), 같은 깃발 아래 싸우는 십자가의 군사이고, 함께 죄와 씨름하는 자다. 또한 격려자, 위로자, 권고자, 상호 조력자, 장차 올 영광 가운데서 함께 기업을 얻을 자다(골 1:12). 그들은 하나님의 상속자들이요, 그리스도와 더불어 공동상속자들이며, 당신과 함께 공동상속자들이다.

이 사실에 근거한 이 사랑은 참된 하나님의 자녀의 사랑이다. 여기에는 언제나 신실한 사랑의 표현이 있다. "자녀들아 우리가 말과 혀로만 사랑하지 말고 행함과 진실함으로 하자"(요일 3:18). 사랑은 언제나 드러나고, 우리가 받아온 그리스도의 사랑에서 그 본보기를 찾는다. 이 사랑에는 실제적인 대상이 있다. 바로 죄와 절박한 필요와 이상한 성격을 가진 타인들, 곧 당신과 꼭 닮은 사람들이다. 당신은 이 사랑의 본질을 고린도전서 13장에서 본다. "사랑은 오래 참고 사랑은 온유하며 시기하지 아니하며 사랑은 자랑하지 아니하며 교만하지 아니하며 무례히 행하지 아니하며 자기의 유익을 구하지 아니하며 성내지 아니하며 악한 것을 생각하지 아니하며 불의를 기뻐하지 아니하며 진리와 함께 기뻐하고 모든 것을 참으며 모든 것을 믿으며 모든 것을 바라며 모든 것을 견디느니라 사랑은 언제까지나 떨어지지 아니하되"(4-8절).

바울은 에베소서 4장에서 이 사랑의 윤곽을 기술한다. "그러므로 주 안에서 갇힌 내가 너희를 권하노니 너희가 부르심을 받은 일에 합당하게 행하여 모든 겸손과 온유로 하고 오래 참음으로 사랑 가운데서 서로 용납하고 평안의 매는 줄로 성령이 하나 되게 하신 것을 힘써 지키라 몸이 하나요 성령도 한 분이시니 이와 같이 너희가 부르심의 한 소망 안에서 부르심을 받았느니라 주도 한 분이시요 믿음도 하나요 세례도 하나요 하나님도 한 분이시니 곧 만유의 아버지시라 만유 위에 계시고 만유를 통일하시고 만유 가운데 계시도다"(1-6절).

뒤이은 구절에서 바울은 그 의미를 설명한다. 그는 부활하신 그리스도께서 교회에게 주신 사역자들이 "하나님의 아들을 믿는 것과 아는 일에 하나가 되어" 성도들을 구비시키고 교화시킨다고 말한다. 이 사람들은 하나님의 백성이 영적으로나 교리적으로 성숙해가도록 수고한다. 그래서 신자들이 오직 "사랑 안에서 참된 것"을 말하여 "범사에 그에게까지 자랄지라 그는 머리니 곧 그리스도라 그에게서 온 몸이 각 마디를 통하여 도움을 받음으로 연결되고 결합되어 각 지체의 분량대로 역사하여 그 몸을 자라게 하며 사랑 안에서 스스로 세우"도록 말이다(11-16절).

사랑은 예수 그리스도의 교회에서 공동체 생활의 가장 중심에 있다. 바울은 계속해서 이 사랑이 영구적으로 실제적인 면이 있다고 강조한다. 서로를 향한 거짓말, 죄악된 분노의 표출, 게으름과 도둑질, 듣는 자에게 전혀 은혜를 끼치지 않는 부패하고 무정한 언행이 설 자리가 없다. 바울은 성령님께 초점을 맞추고, 열매를 맺는 신실한 그리스도인의 발걸음에서 죄악된 마음의 징후들을 쫓아낸다. 그런 징후들은 주로 언행에서 드러나는데, 성령님께서 신자 안에 그리스도의 형상을 만드실 때 그 안에서 일하시는 성령님의 역사와 반대된다(25-30절). "너희는 모든 악독과 노함과 분냄과 떠드는 것과 비방하는 것을 모든 악의와 함께 버리고 서로 친절하게 하며 불쌍히 여기며 서로 용서하기를 하나님이 그리스도 안에서 너희를 용서하심과 같이 하라"(32절). 다시 말하지만, 그런 사랑은 하나님이신 그분을 본받으며, 구주이신 그리스도 예수의 마음을 품는 것이다.

> 그러므로 그리스도 안에 무슨 권면이나 사랑의 무슨 위로나 성령의 무슨 교제나 긍휼이나 자비가 있거든 마음을 같이하여 같은 사랑을 가지고 뜻을 합하며 한마음을 품어 아무 일에든지 다툼이나 허영으로 하지 말고 오직 겸손한 마음으로 각각 자기보다 남을 낫게 여기고 각각 자기 일을 돌볼뿐더러 또한 각각 다른 사람들의 일을 돌보아 나의 기쁨을 충만하게 하라
> 너희 안에 이 마음을 품으라 곧 그리스도 예수의 마음이니(빌 2:1-5).

이는 영적이고 보편적이고 적절하며 변함없는 사랑으로서 우리의 태도와 행동, 죄의 자각 및 헌신, 인내와 용서, 언행과 섬김, 애착과 투자에 드러난다.

그리고 그 사랑은 공동의 은혜다. 이 정의가 너무 빤하게 들리지 않기를 바란다. 그리스도인의 사랑은 홀로 존재할 수 없다. 실제적인 대상이 필요하다. 곧 교회를 필요로 한다는 뜻이다. 교회 없이도 그럭저럭 살아갈 수 있다고 생각하는 이가 있다면, 그가 정말 그리스도인인지 의심해볼 필요가 있다. 왜냐하면 그는 다른 성도들의 사랑이 필요하지 않으며, 그들의 사랑을 확신할 수도 없고, 사랑하고 싶은 대상을 찾을 수도 없다고 말하는 것이기 때문이다. (신실한 교회를 찾기란 참으로 불가능하다는 것과 교회를 찾기 귀찮다는 것은 전혀 다름을 알라.) 그리스도인의 사랑의 무대는 교회다. 건강한 성도는 교회에 있기를 기뻐한다. 그는 그냥 '교회에 다니는' 사람이 아니라 참된 교인이고, 교회의 일부다. 그는 지금 당장의, 그리고 먼 훗날의 하나님의 자녀들에게 관심을 기울이고, 지역 교회뿐만 아니라 전 세계 교회의 안녕에 대해 이야기한다. 단순한 관중이 아니라 전심으로 헌신한 종이다. "내가 여기서 무엇을 얻을 수 있지?"가 아니라 "내가 여기에 무엇을 더할 수 있지?"를 먼저 묻는다. 그리고 주 예수님의 교회에서 후원하고 봉사하고 기도하고 보호하고 보존하고 참석하고 기뻐하면서, 사랑과 사랑이 수반하는 은혜를 실천하며 자신의 확고한 마음을 발견한다.

만약 당신이 하나님의 백성을 중요하게 여기지 않는다면, 당신은 하나님의 백성이 아니다. 그런데 혹시 당신은 두려운가? 세례와 입교를 요청하는 것은 주제넘은 일이라고 느끼는가? 그럼에도 당신의 마음속은 이렇게 증언한다. "땅에 있는 성도들은 존귀한 자들이니 나의 모든 즐거움이 그들에게 있도다"(시 16:3). 당신의 마음속 갈망은 다음과 같이 표현된다.

> 주의 궁정에서의 한 날이 다른 곳에서의 천 날보다 나은즉
> 악인의 장막에 사는 것보다
> 내 하나님의 성전 문지기로 있는 것이 좋사오니(시 84:10).

당신은 하나님의 백성의 성품과 그들과 함께하는 것을 사랑한다. 당신과 비슷한 그들의 사고방식, 목표, 갈망, 소망을 사랑한다. 왜인가? 당신이 그들 중에 속해있기 때문이 아닌가? 하나님의 백성은 하나님의 권속 안에서 자기 자리를 찾기를 좋아하고 갈망한다. 이 타락한 세상에서 여기, 오직 여기에서만 그들은 편안함을 느낀다.

스스로를 비춰보기

위의 네 가지 표지는 참된 하나님의 자녀 안에 변함없이 존재할 것이다. 영화에 이르기까지는 완벽하지 못하겠지만, 그래도 지금도 존재할 것이다. 우리는 구원받지 못했는데도 스스로를 구원받았다고 상상하는 어리석음을 감당할 수 없다. 그것이 지금의 상태라면 몹시도 위험한 상태이고, 맞이할 결론이라면 충격적인 결론이다. 우리는 늘 의심하거나 잘못된 기초 위에 서서 혼돈에 빠져서는 안 된다. 우리는 우리

가 구원받았는지 여부를 알 수 있다. 요한은 우리가 확신할 수 있도록, 구원받았음을 알고 영생을 누릴 수 있도록 글을 썼다.

만약 필수적인 표지들, 곧 참된 신자의 표지들이 당신의 마음에도 삶에도 없다면, 그렇다면 당신은 스스로 무엇을 주장하고 무엇을 상상하든 그리스도인이 아니다. 당신은 그분의 길을 따르지도 않으면서 그분의 이름을 주장함으로써 스스로를 속이고 그리스도를 더럽혀서는 안 된다. 그것은 예수님을 신성모독하는 것이다. 참된 신자라는 이름표만 달고, 그분의 은혜로운 능력과 구원의 지혜와는 동떨어져 산다면, 그분을 멸시케 하는 것이다.

위선자는 자기가 갖지 못한 것을 가진 척함으로써 다른 불신자들에게 참된 경건을 멸시하고 비웃을 빌미를 제공한다. 참된 교회라고 자처하는 자들이 진리를 떠나 날조된 것을 가르치고, 경건함 없이 살아가고, 다른 이들이 신성모독을 할 상황을 만들 때, 세상은 이렇게 말할 것이다. "저런 게 기독교라고?" 아니다! 결코 아니다. 그것은 기독교가 아니다. 죄인들이 예수님을 조롱하고 예수님에 대한 소망을 잃게 만들 빌미를 제공하는, 공허한 가식일 뿐이다. 당신의 손에 그 사람들의 피를 남길 뿐이다. 그것은 궁극적으로 당신을 지옥에 떨어뜨릴 것이다. 당신이 거기에서 구원받지 못한다면 그렇다. 당신이 구원 안에 있다고 착각하기보다는 구원 밖에 있음을 아는 편이 낫다. 그러므로 당신은 예수님께 도망해야 한다. 당신의 필요를 인정하고 당신의 죄를 회개해야 한다. 구주를 믿어야 한다.

하지만 하나님의 자녀의 표지가 당신 안에 있고 그것이 사실이라면, 당신은 그리스도인이다. 그렇다면 당신은 당신 안에 있는 은혜의 원천을 부인함으로써 그리스도를 더럽혀선 안 된다. 일부 의심하고 염려하는 성도들은, 그들이 그 은혜를 소유하지 않았는데 그리스도 안에서 하나님의 은혜에 대한 권리를 주장하는 것일까 봐 두려워한다. 기쁨을 빼앗긴 채 (암흑이 아니라) 그늘을 걷게 되기를 두려워한다. 그런 신자는 자기가 복을 받지도 못할 뿐더러 타인을 축복하지도 못한다.

하지만 생각해보라. 이런 표지들은 거듭나지 않은 마음의 토양에서는 자라나지 않는다. 그리스도인이라는 증거 없이 그 표지들을 소유하는 것은, 하나님 나라의 의복을 입지 않고 그 나라의 특권을 아는 것이다. 이런 생각은 은혜의 열매가 자연히 발생한다는 암시를 줄 수 있다. 회심하지 않아도 참된 경건과 진정한 기독교의 도덕성을 획득할 수 있다는 암시를 줄 수 있다. 그 결과, 하나님의 영이 하시는 일을 멸시할 수 있다.

또 어떤 사람들은 참된 거룩의 표지가 보여도 진정으로 구원받지 못할 수 있다고 상상하면서 깊이 낙심할 수 있다. 그는 "나는 그분의 것이고 그분은 나의 것이다"라는 말을 진정으로 증언할 수 있는지 의심한다. 친구여, 만약 당신 안에 이런 표지들이 있다면, 당신을 구원하고 소유하셔서 당신 안에 그 표지들을 주신 하나님께 영광을 돌리고 그분을 따라 살아가라.

하나님이여 나를 살피사 내 마음을 아시며

나를 시험하사 내 뜻을 아옵소서

내게 무슨 악한 행위가 있나 보시고

나를 영원한 길로 인도하소서(시 139:23-24).

당신에게 예수님이 필요하다면, 지금 그분께로 가라. 그러면 당신은 구원을 받을 것이다. 당신에게 예수님이 있다면(그분께 당신이 있다면) 그분을 꽉 붙들라, 사랑하라, 섬기라, 기뻐하라. 왜냐하면 당신은 하나님의 자녀이고, 그분께서 당신 안에 시작하신 일을 온전케 하기까지 당신을 끝까지 지키실 것이기 때문이다.

더 깊은 묵상을 위한 질문

1. 영생을 소유함에 있어서 비결정적인 표지들의 목록을 써보라. 더 추가하고 싶은 것이 있는가? 이런 것들 위에 당신의 확신을 세우려고 했던 적이 있는가?

2. 복음을 들으며 자란 사람과 늦게까지 복음을 듣지 못하고 자란 사람은 회개와 믿음을 어떻게 다르게 경험하겠는가?

3. 후회와 회개의 차이는 무엇인가?

4. 구원 얻는 믿음이란 무엇인가?

5. 하나님과 당신 자신에 대해 어떻게 이해하고 있는가? 그리고 이것이 하나님과 당신 자신, 당신의 인생에 대한 당신의 태도에 어떤 차이를 만드는가?

6. 거룩에서 자라남이 참된 회심의 표지인 이유를 설명해보라. 현재의 완벽함보다는 눈에 보이는 성장이 그 표지인 이유를 설명하라.

7. 거룩에서 자라남에는 능동적인 요소와 수동적인 요소가 있다. 그것들은 무엇이고, 둘 다 중요한 이유는 무엇인가?

8. 참된 그리스도인은 왜 다른 그리스도인들을 사랑하는가? 당신 자신 안에서 이런 사랑을 발견하는가?

9. 거짓 확신은 어떤 점에서 그리스도를 더럽히는가? 진정한 확신이 없는 참된 믿음은 어떻게 그리스도를 더럽힐 수 있는가?

그러므로 나의 사랑하는 자들아 너희가 나 있을 때뿐 아니라
더욱 지금 나 없을 때에도 항상 복종하여 두렵고 떨림으로 너희 구원을 이루라

빌립보서 2장 12절

7장

영적 전쟁에 참여하기

'그러므로'가 없는 복음은 끝을 잘라버린 복음이다. 복음에는 포괄적인 지시(객관적 사실에 대한 진술)와 그에 관련된 명령(순종해야 할 의무에 대한 명령)이 둘 다 있다. 우리는 은혜와의 관계에 슬그머니 공로를 집어넣을 위험에 항상 직면하지만, 이 친밀하고도 은혜에 흠뻑 젖은 지시와 명령의 관계는 그런 것이 아니다. 우리는 은혜의 하나님께 굳건히 순종하는 삶을 살면서도 구원하는 믿음이 어떻게 역사하는지 망각하는 위험에 직면한다. 그러나 율법주의에 대한 해독제는 몇 방울의 방종이 아니다. 반대도 마찬가지다.

빌립보서 2장에서 사도 바울은 '우리를 위한 그리스도의 사역'과 '우리 안에서의 그리스도의 사역' 사이의 논리적인 연결성을 설명한다. 곧 '그리스도 안에서 우리가 가진 생명'과 '그리스도를 위해 우리가 사는 삶' 사이의 관계를 말하고 있다.

주 예수님은 죽기까지 복종하셨다. 십자가라는 고통스럽고 수치스러운 방법으로 말이다. 그분이 지독히도 낮아지셔서 타인을 이타적으로 섬기신 궤도의 최종 목적지는 바로 여기다. "이러므로 하나님이 그를 지극히 높여 모든 이름 위에 뛰어난 이름을 주사 하늘에 있는 자들과 땅에 있는 자들과 땅 아래에 있는 자들로 모든 무릎을 예수의 이름에 꿇게 하시고 모든 입으로 예수 그리스도를 주라 시인하여 하나님 아버지께 영광을 돌리게 하셨느니라"(빌 2:9-11).

사도 바울이 빌립보 교회에게 적용한 것은, 바로 다음과 같은 논리적 순서에 기초한 것이다. "그러므로 나의 사랑하는 자들아 너희가 나 있을 때뿐 아니라 더욱 지금 나 없을 때에도 항상 복종하여 두렵고 떨림으로 너희 구원을 이루라 너희 안에서 행하시는 이는 하나님이시니 자기의 기쁘신 뜻을 위하여 너희에게 소원을 두고 행하게 하시나니"(빌 2:12-13).

더 깊이 들어가기 전에, 한 가지 분명히 할 것이 있다. 위 구절들 가운데 어느 하나도 죄인이 그리스도의 대속 사역에 어떤 기여를 했다는 암시를 전혀 주지 않는다. 이 구절들은 우리가 거룩하신 분 앞에 바르게 서려는 노력을 통해 어떤 기여를 했음을 전혀 암시하지 않는다. '우리를 위한' 사역인 구원은 끝맺음이 되었고, 우리 주 예수 그리스도의 삶과 죽음과 부활로 완성되었다. 하지만 (이것이 바울의 포인트다) '우리 안에서의' 사역으로서의 구원은 여전히 진행 중이다.

그리스도인을 향한 명령

빌립보서 2장 12절에서 바울은 그리스도인들에게 글을 쓰고 있다. 이 간곡한 권고가 회심하지 않은 자들에게로 향했다면 전혀 이치에 맞지 않을 것이다. 그들은 자기가 이미 소유한 '자신의 구원'을 이루려고 애쓰고 있는, 바울이 "사랑하는" 자들이었다. 바울은 그리스도의 높아지심과 우월하심(그것은 성자의 겸손한 순종에 대한 성부의 반응이었다)과 더불어 그리스도께서 보여주신 겸손과 순종의 모범에 대한 그리스도인의 반응을 다루면서 우리에게 겸손과 순종을 본받을 것을 강권한다. 그들은 그 사람을 받아들이고 그 모범을 따르라고 부르심을 받은 사람들이었다. 바울은 그들의 노력을 직접 목격했다면서 그들에게 계속해서 수고하라고 명령한다.

하지만 지혜로운 목사인 바울은 굳건한 순종의 삶을 계속해서 노력하라고 강권하면서 그가 있을 때뿐만 아니라 "더욱 지금 나 없을 때에도" 그리하라고 말한다. 바울의 눈이 그들을 지켜보지 않을 때, 그 본보기가 그들 앞에 없을 때, 그의 격려가 그들 귀에 들리지 않을 때에도 그들은 계속해야 한다. 바울은 인간적으로 항상 그들 곁에 있을 수 없고 그럴 필요도 없다.

우리는 사람들 앞에 사는 위험을 항상 지닌다. 하나님께서 아시는 것보다 사람들이 어떻게 생각할까에 더 관심을 기울인다. 이런 유혹은 모든 신자에게 존재한다. 어쩌면 겉으로 보여지는 모습이나 평판을 얼마나 유지하는지에 따라 하나님이 상을 주신다고 생각할 때 더욱 그럴 것이다. 혹은 특별한 상황이나 특별한 리더의 영향력에 즉각적인 성취나 더 나은 태도가 나타나다가도, 그 상황이 변하고 리더가 바뀌면 빛이 바래서 실패하기도 한다. 또 수련회와 같이 영적으로 강렬한 환경에서는 '흥분'했다가, 고된 실생활로 돌아간 지 불과 며칠 또는 몇 시간만에 그 열정과 열기가 소멸되는 것을 얼마나 자주 목격하는가? 자기 성격 때문에 높은 기준을 세우고 정의로운 목표를 지향했다가 그 거룩한 자극이 사라지면 다른 사람들보다 더 편안한 수준으로 돌아가는 것을 또 얼마나 자주 목격하는가?

아마도 성경 속 가장 끔찍한 예는 요아스왕일 것이다. "요아스가 왕위에 오를 때에 나이가 칠 세라 예루살렘에서 사십 년 동안 다스리니라 그의 어머니의 이름은 시비아요 브엘세바 사람이더라 제사장 여호야다가 세상에 사는 모든 날에 요아스가 여호와 보시기에 정직하게 행하였으며"(대하 24:1-2). 여호야다의 선한 영향력 아래서 어린 요아스는 여호와의 길을 따라갔지만, 여호야다가 영원히 그의 안내자가 될 수는 없었다. "여호야다가 나이가 많고 늙어서 죽으니 죽을 때에 백삼십 세라 무리가 다윗 성 여러 왕의 묘실 중에 장사하였으니 이는 그가 이스라엘과 하나님과 그의 성전에 대하여 선을 행하였음이더라"(대하 24:15-16). 여호야다의 죽음 이후, 요아스는 새로운 영향력 아래 들어갔고 하나님께로부터 돌이켜 우상에게로 돌아섰다. 그래서 하나님의 심판 아래 놓였다. 여호와께서 자비로 선지자들을 보내어 요아스에게 경고하셨지만, 요아스는 그들에게 주의를 기울이지 않았다. 결국 하나님은 신실한 여호야다의 신실한 아들을 보내셨다.

> 이에 하나님의 영이 제사장 여호야다의 아들 스가랴를 감동시키시매 그가 백성 앞에 높이 서서 그들에게 이르되 하나님이 이같이 말씀하시기를 너희가 어찌하여 여호와의 명령을 거역하여 스스로 형통하지 못하게 하느냐 하셨나니 너희가 여호와를 버렸으므로 여호와께서도 너희를 버리셨느니라 하나 무리가 함께 꾀하고 왕의 명령을 따라 그를 여호와의 전 뜰 안에서 돌로 쳐죽였더라 요아스 왕이 이와 같이 스가랴의 아버지 여호야다가 베푼 은혜를 기억하지 아니하고 그의 아들을 죽이니 그가 죽을 때에 이르되 여호와는 감찰하시고 신원하여 주옵소서 하니라(대하 24:20-22).

요아스는 여호야다의 경건한 영향력 아래에 있는 동안에는 겉으로는 하나님께 신실함을 보여드리고 있었다. 하지만 요아스는 여호야다가 죽은 지 얼마 지나지 않아 여호야다에 대해서도, 여호야다가 분명히 선포한 하나님께 대해서도 신실하지 않음이 판명되었다. 한 개인에 대한 애착은 하나님과 하나님의 계시에 대한 애착을 동일하게 지속시키지 않는다.

그래서 바울은 빌립보 교인들이 어떤 환경이나 카리스마에 종속되었다가 결국 그들 자신이 거짓으로 판명되는 결말을 보지 않기를 바랐다. 바울은 그들이 진리와 진리에서 흘러나오는 생명을 고수하기를 원했다. 바울은 성도들이 사람 앞에서가 아니라 하나님 앞에서 살기를 원했다. 그는 앞서 이렇게 간청했다. "오직 너희는 그리스도의 복음에 합당하게 생활하라 이는 내가 너희에게 가 보나 떠나 있으나 너희가 한마음으로 서서 한 뜻으로 복음의 신앙을 위하여 협력하는 것과 무슨 일에든지 대적하는 자들 때문에 두려워하지 아니하는 이 일을 듣고자 함이라 이것이 그들에게는 멸망의 증거요 너희에게는 구원의 증거니 이는 하나님께로부터 난 것이라"(빌 1:27-28). 이 강력한 부담은 공적으로만 적용되지 않는다. 하나님께 순종하는 일은 다른 사람들의 눈에 비치는 성과의 문제가 아니다. 하나님의 눈앞에 치는 연막이 아니다. 허무해질 경력에서의 일시적인 실수가 아니다. 모든 참된 신자들이 모든 상황 속에서 항상 지녀야 할 태도다. 그러므로 바울은 빌립보 교회의 모든 성도에게 (그리고 더 나아가 우리에게) 순종의 삶을 요구하는 것이다.

두렵고 떨림으로 너희 구원을 이루라

사도는 이 그리스도인들에게 그들의 구주께서 겸손하게 행하셨듯이 그들도 계속해서 하나님 앞에서 행하고, 믿고, 기꺼이 순종하라고 말한다. 다시 말해, "두렵고 떨림으로 너희 구원을 이루라"고 말한다.

'싸움'과 관련이 있음을 생각하라. 바울은 우리에게 계속해서 구원을 이루라고 명령하고 있다. 이 일을 계속하라는 거다. 그것은 무언가에 엄청난 수고를 기울이라는 요구다. 열정적이고 활동적인 태도를 받아들임으로써, 영적으로 근면한 습관을 키움으로써 모든 게으름과 안락함에 대항해 싸우라는 요구다. 전쟁이 끝날 때까지 온전히 서 있으라는 요구다. 그가 다른 곳에서도 사용한 적이 있는 전쟁 용어를 사용하자면, "그러므로 하나님의 전신 갑주를 취하라 이는 악한 날에 너희가 능히 대적하고 모든 일을 행한 후에 서기 위함이라"(엡 6:13).

상황에 따라 노력을 기울이라는 요구가 아니다. 완수할 때까지 변함없이 철저하게 임무를 수행하라는 요구다. 이 명령은 은혜를 무시하지도, 남용하지도 않는다. 은혜를 부인하지도, 거스르지도 않는다. 이는 "될 대로 두고 하나님이 하시게 하라"고 말하는 사람들을 향한 요구가 아니다. 은혜가 강력하게 작동되는 사람들을 향한 요구다. 그리스도 안에서 새로운 피조물이 된 자들이 자기의 구속받은 인간성 안의 모든 능력을 동원해 한 가지 목적에 집중하라는 구호다. 다시 말해 지속적인 변화를 추구하라는 것이다. 이는 구원받은 죄인과 하나님의 아들과의 연합에 의존하며 거기에서부터 흘러나온다.

이것이 "너희 구원을 이루라"는 바울의 명령의 '본질'이다. 다시 말하지만, 바울이 빌립보 교인들에게 그들이 이미 소유했지만 여전히 추구해야 하는 구원을 계속해서 이루라고 요구한 것을 숙고하라. 구원을 '위해서 일하라' 또는 구원을 '보충하라'는 명령이 아니라 하나님께서 일하고 계신 바를 '이루라'는 명령이다. 로마서 8장 29절은 하나님께서 구속하신 자들 안에 있는 하나님의 복음의 목적이 무엇인지 계시한다.

"하나님이 미리 아신 자들을 또한 그 아들의 형상을 본받게 하기 위하여 미리 정하셨으니 이는 그로 많은 형제 중에서 맏아들이 되게 하려 하심이니라." 성육신하신 하나님의 아들의 형상을 본받는 것이 (하나님의 영광스런 은혜를 찬양하라!) 우리를 향한 하나님의 의도다. 기초가 놓였다. 우리는 그리스도 안에서 새로운 피조물이다. 이전 것은 지나갔고 새 것이 왔다. 그리고 계속 오고 있다. 구원은 우리의 생각과 감정과 의지와 실천에서 이루어지고 있다. 우리는 순종하기 위해, 우리의 구속자이신 하나님을 섬기기 위해 해방되었다. 그리고 그 목적에서 우리는 우리의 자유를 사용해야 한다. 자유와 의무 사이에는 아무런 모순이 없다. 오히려 한쪽이 다른 한쪽을 돕는다.

바울은 우리 인생길의 완성, 곧 우리 소명의 완수에 관해 말한다. 새 생명의 원칙을 가져와 전체에 스며들게 한다. 주 예수님 안에서 하나님의 은혜의 영향력과 그 결과가 우리의 모든 것을 특징짓는다는 사실 (즉, 새로운 피조물이라는 실재가 가져오는 보다 완전하고 분명한 결과)을 보장하기 위해서다. 이는 그리스도를 온전히 닮아가는 참된 하나님의 자녀의 필수적인 표지인, 죄의 파괴요 거룩의 함양이다.

이는 마치 여호수아가 소유하기로 보장받은 가나안 땅과 같다. 그 땅은 우리 것이지만 근절되어야 할 적들이 많다. 존 번연의 『거룩한 전쟁』(*The Holy War*)에서 임마누엘(Emmanuel) 왕자가 다스리는 도시 맨소울(Mansoul)처럼 말이다. 왕자가 그곳에 임했으니 이제 그의 통치에 맞게 그 도시의 행정을 일치시킬 일이 남았다.

도시 맨소울은 이제까지 적들을 제거하고 평화를 해치는 말썽꾼들을 처단해왔다. 그리고 다음 절차로는, 자유의지 경(Lord Will-be-will)에게 엄격한 명령이 주어졌다. 그의 부하 근면(Diligence)과 함께 디아볼루스(Diabolus)가 맨소울 안에 남겨놓은 것들을 찾아내서 그들을 체포하는 데에 최선을 다하라는 명령이었다.

그들의 이름은 어리석음 씨(Mr Fooling), 선 무시 씨(Mr. Let-good-slip), 굴종 씨(Mr. Slavishfear), 사랑 없음 씨(Mr. Nolove), 불신 씨(Mr. Mistrust), 육신 씨(Mr. Flesh), 나태 씨(Mr. Sloth)였다.

뿐만 아니라 자유의지 경은 악한 질문 씨(Mr. Evil-Questioning)가 남긴 그의 자녀들을 체포하고 그의 집을 허물라는 명령도 받았다. 그가 남긴 자녀들은 다음과 같았다. 그의 맏아들인 의심 씨(Mr. Doubt), 그리고 율법적인 생활 씨(Mr. Legal-life), 믿음 없음 씨(Mr. Unbelief), 그리스도에 대한 잘못된 사상 씨(Mr. Wrong-thoughts-of-Christ), 소망 잘라냄 씨(Mr. Clip-promise), 육욕 씨(Mr. Carnal-sense), 감정대로 씨(Mr. Live-by-feeling), 자기애 씨(Mr. Self-love)였다.

악한 질문 씨는 한 아내에게서 모든 아들들을 얻었는데 그녀의 이름은 소망 없음(No-hope)이었다. 그녀는 불신앙 씨(Mr. Incredulity)와 한 가문이었는데, 불신앙 씨가 그녀의 삼촌이었다. 그래서 그녀의 아버지인 암흑 씨(Mr. Dark)가 죽었을 때 불신앙 씨는 그녀를 데려다가 키웠고, 그녀가 결혼할 나이가 되자 악한 질문 씨에게 아내로 주었다.

번연은 자유의지 경이 그의 부하 "위대한 근면과 함께" 임마누엘 왕자의 명령을 어떻게 수행했는지를 계속해서 서술해 간다. 그 언어는 힘 있고 그 행동은 단호하다. 그는 다양한 죄와 타협을 제거 대상으로 규정한다. 어리석음 씨는 교수형을 당하고, 선 무시 씨(그 사상은 아마도 선을 행하지 않기로 한 자에게서 왔을 것이다)는 처형당한다. 소망 잘라냄 씨는 하나님의 약속을 변형하고 타협시키는 자인데 웃음거리가 되어 채찍질 당한 후에 나무에 매달려 죽는다. 육욕 씨는 감옥에 갇히지만 탈옥한다. 막대한 현상금과 그를 죽이려는 꾸준한 노력에도 불구하고 그는 계속해서 도시를 괴롭힌다. 그리스도에 대한 잘못된 사상 씨는 감옥에 갇히는데, 거기서 서서히 죽어간다. 자기애 씨 역시 감옥에 갇히지만, 협력자들이 많았기 때문에 목숨을 부지한다.

"자기부인(Self-denial) 장군이 일어서서 말했다. '만약 저런 악당들이 맨소울에서 묵과된다면, 내가 나의 임무를 완수할 것이오.' 그는 자기애 씨를 군중 가운데서 끌어내서 자기의 병사들에게 주었고, 거기서 자기애 씨는 머리가 깨져 죽고 말았다. 하지만 맨소울에는 그것에 대해 불평하는 몇몇 사람들이 있었다. 그러나 임마누엘 왕자가 도시 안에 있었기 때문에 누구도 감히 입 밖에 내서 말하지는 않았다. 자기부인 장군의 이런 용감한 행동을 들은 왕자는 그를 데려오게 하여 맨소울의 경으로 추대했다."

그러자 자기부인 경은 맹렬히 임무에 착수해서 자유의지 경과 함께 디아볼루스의 잔당들을 추적한다. 그들은 감정대로 씨와 율법적인 생활 씨를 체포하는데, 둘 다 감옥에서 죽는다. 믿음 없음 씨는 아주 재빨라서 가까스로 그들의 손아귀에서 벗어난다. "그들은 여러 번 그를 붙잡으려 했지만 한 번도 그를 붙잡을 수 없었다." 하지만 남은 죄에 대항해 싸우는 군사작전은, 그 머리를 쳐드는 모든 사악함이 매우 신속하게 발견되었고 영원히 말살시키기 위해 끝까지 추적되었다는 점에서 성공적이었다. "그리고 이제," 번연은 다음과 같이 전한다.

> 맨소울은 어느 정도 평화와 고요에 이르렀다. 왕자도 도시 안에 거주했고, 장군들과 병사들도 자기 임무를 수행했다. 맨소울은 이제까지 중단되었던 나라와의 교역에 마음을 썼고, 부지런히 제조와 생산에 힘썼다. 맨소울이 이렇게 수많은 적들과 평화를 해치는 말썽꾼들을 제거하자, 왕자는 한 날을 정해서 광장에서 모든 주민을 만나겠다는 공지를 보냈다. 거기서 그는 몇 가지 중요한 문제들에 관해 그들에게 책임을 맡길 것인데, 그 책임이 잘 준수된다면 그들의 안전과 안위는 더욱 보장받을 것이었다. 그리고 그들이 키워낸 디아볼루스 잔당들은 유죄판결을 받고 궤멸될 것이었다.[1]

여기서 우리는 참된 신자가 그리스도 안에서 구속받았음에도 불구하고 여전히 그에게 달라붙어 있는 더럽고 혐오스런 죄들을 어떻게 근절

1] John Bunyan, *The Holy War*, in *The Works of John Bunyan*, ed. George Offor (Edinburgh: Banner of Truth, 1991), 3:369-70. (『거룩한 전쟁』, 생명의말씀사)

하는지 그 생생한 묘사를 본다.

그리스도인들의 은혜가 활발하게 일궈지지 않는다면, 그리스도인들은 진정한 의미에서 다른 신자들에게 도움이 되는 경우가 매우 적고, 복음의 영향력을 하나님 나라 밖에 있는 사람들에게 가져가는 데에도 쓸모가 없다. 그런데 우리가 이런 종류의 씨름에 관한 내용을 읽을 때 쉽게 떠올릴 수 있는 사람이 있다. 이런 종류의 교훈에 주의를 기울인 사람, 곧 바울이다. 바울은 우리에게 교훈을 준다. 그런데 매우 조심해야 한다는 게 내가 가장 집중하는 포인트다. 왜냐하면 조심하지 않으면 다른 이들을 격려하려는 모든 노력이 그저 비난이나 감언이설로 보여질 것이기 때문이다. 올바른 마음가짐으로 경건을 추구하고 씨름하게 될 때까지, 나는 돕고 섬기고 본받을 수밖에 없다.

그렇다면 가져야 할 '마음가짐'이란 무엇인가? 이 일은 "두렵고 떨림으로" 이루어야 한다. 우리 시대 사람들은 (많은 그리스도인들을 포함해서) 저런 표현에 즉각적으로 혐오와 거부 반응을 보인다. 신자가 두려움과 떨림에 의해 특징지워지는 것은, 마치 어떤 율법주의의 먹구름 아래 사는 것과 같다고 생각하기 때문이다. 완전한 노예상태 혹은 절반의 노예상태로 존재하는 것이라고 생각하기 때문이다. 율법 아래서 은혜 없이 존재하는 것이라고 생각하기 때문이다. 하지만 이 중에 어떤 것도 진리와는 거리가 멀다!

이것은 비굴한 두려움이 아니다. 타락한 상태 혹은 하나님과의 관계를 잃어버린 상태에 대한 지속적인 공포감이 아니다. 오히려 그것은 확신에 찬 성도가 호흡하는 공기다. 하나님의 아들들의 거룩한 경외심이다. 하나님의 종들의 거룩한 존경심이다. 나른함과 무딤의 정반대인 마음가짐이다. 살아계신 하나님 앞에 있음을 의식한 자의 마음가짐이며, 우리를 값 주고 사신 주님께 범죄를 저지른 것에 대해 적합한 두려움을 가진 자의 마음가짐이다. 그분을 사랑해서 무엇으로도 그분을 슬프고 괴롭게 해드리는 걸 두려워하는 자의 마음가짐이다.

그것은 칼빈과 다른 사람들이 '코람 데오'로 사는 것에 대해 말할 때 염두에 둔 것이다. 그것은 하늘과 땅의 살아계신 하나님의 존전에서 사는 것, 그분의 빛나는 얼굴 앞에 사는 것, 우리를 바라보시는 그분의 불타는 눈을 의식하며 사는 것, 우리의 결핍을 표현하고 우리의 의존을 인정하며 그분의 거룩하고 존귀한 이름에 찬송과 영광을 돌리기를 갈망하며 사는 것이다. 바뤼흐 마오즈(Baruch Maoz)는 말라기 주석에서 그분의 종인 말라기를 통해 하나님의 질문을 분석한다.

내 이름을 멸시하는 제사장들아

나 만군의 여호와가 너희에게 이르기를

아들은 그 아버지를,

종은 그 주인을 공경하나니

내가 아버지일진대

나를 공경함이 어디 있느냐

내가 주인일진대

나를 두려워함[2]이 어디 있느냐 하나

너희는 이르기를

우리가 어떻게 주의 이름을 멸시하였나이까 하는도다(말 1:6).

　마오즈는 공경함과 두려워함이라는 단어를 선택해서 "두려워함은 비겁한 굴욕의 태도가 아니다. 강력한 악의 존재가 자아내는 공포심도 아니다"라고 말한다. 오히려 "장엄함을 인식할 때 동반되는, 애정 어린 사랑과 깊은 존경의 조합이다"라고 한다. 그는 우리가 "사랑하는 마음으로 존경하지 않고는, 그분의 영광스런 위엄을 깨닫지 않고는 하나님을 공경할 수 없다. 하나님을 두려워함에는 언제나 애정이 있다. 하나님을 사랑함에는 언제나 깊은 존경심이 있다"라고 주장한다.[3]

　말라기서 2장 5절을 심도 있게 주석하면서 마오즈는 "우리의 경배에는 두려움을 위한 여지가 있다. 하나님의 거룩하심과 경이로운 권능과 놀랍고도 매력적인 영원성의 장엄함을 생생하게 인식할 수 있는 여지가 있다. 우리가 그분의 임재에 떨 수 있는 여지가 있다"고 확언한다. 하지만 그것은 그저 우리의 하나님을 향한 경배에 경건한 두려움의 여지가 있다는 의미만이 아니다. 우리는 반드시 그런 두려움을 가져야 한다. "하나님에 대한 두려움이 발견되지 않는 곳에는 그분의 위대하

---

[2] 이 단어는 종종 "두려움"(fear)으로 번역되며 이 둘은 같은 의미다. (원서는 개역개정과 다르게 'reverence'로 인용했다. - 역주)
[3] Baruch Maoz, *Malachi: A Prophet in Times of Despair* (Bloomington, Ind.: Crossbooks, 2012), 21-22.

심에 대한 인식도 없다. 예배는 오락의 형태가 되어 버렸다.…… 하나님에 대한 진정한 경배가 없다."[4]

바울은 이런 마음가짐으로 생기를 얻는 것이 무엇인지를 알았다. 이것이 그가 고린도 교인들에게 그의 마음가짐에 대해 말할 때 최우선에 둔 것이다. 그는 자기가 위하여 수고하고 있는 주님께 자기가 얼마나 의존하고 있는지를 잘 알았다.

"내가 너희 중에서 예수 그리스도와 그가 십자가에 못 박히신 것 외에는 아무 것도 알지 아니하기로 작정하였음이라 내가 너희 가운데 거할 때에 약하고 두려워하고 심히 떨었노라 내 말과 내 전도함이 설득력 있는 지혜의 말로 하지 아니하고 다만 성령의 나타나심과 능력으로 하여 너희 믿음이 사람의 지혜에 있지 아니하고 다만 하나님의 능력에 있게 하려 하였노라"(고전 2:2-5).

바울은 고린도 교인들에게 보내는 두 번째 편지에서 자기를 자극하는 그 마음가짐에 대해 언급한다. "그런즉 우리는 몸으로 있든지 떠나든지 주를 기쁘시게 하는 자가 되기를 힘쓰노라 이는 우리가 다 반드시 그리스도의 심판대 앞에 나타나게 되어 각각 선악간에 그 몸으로 행한 것을 따라 받으려 함이라 우리는 주의 두려우심을 알므로 사람들을 권면하거니와 우리가 하나님 앞에 알리어졌으니 또 너희의 양심에도 알리어지기를 바라노라"(고후 5:9-11).

4] Maoz, *Malachi*, 53.

또한 바울은 같은 마음가짐으로 섬기라고 요구했다. "종들아 두려워하고 떨며 성실한 마음으로 육체의 상전에게 순종하기를 그리스도께 하듯 하라 눈가림만 하여 사람을 기쁘게 하는 자처럼 하지 말고 그리스도의 종들처럼 마음으로 하나님의 뜻을 행하고 기쁜 마음으로 섬기기를 주께 하듯 하고 사람들에게 하듯 하지 말라 이는 각 사람이 무슨 선을 행하든지 종이나 자유인이나 주께로부터 그대로 받을 줄을 앎이라"(엡 6:5-8).

그는 고린도 교회에게 거룩을 추구하라고 말하는 문맥 속에서 그들을 향한 하나님의 은혜로운 마음과 목적을 자세히 설명하면서 다음과 같이 표현한다. "그런즉 사랑하는 자들아 이 약속을 가진 우리는 하나님을 두려워하는 가운데서 거룩함을 온전히 이루어 육과 영의 온갖 더러운 것에서 자신을 깨끗하게 하자"(고후 7:1).

우리는 그것이 구약과 신약 모두에서 성도의 특징적인 태도임을 알게 된다. 예를 들어, 시편 기자는 우리더러 지혜를 얻으라고 요구하면서 이렇게 말한다.

> 그런즉 군왕들아 너희는 지혜를 얻으며
> 세상의 재판관들아 너희는 교훈을 받을지어다
> 여호와를 경외함으로
> 섬기고 떨며 즐거워할지어다(시 2:10-11).

베드로 역시 성도가 같은 마음가짐의 영향력 아래서 행동해야 한다고 주장한다. "외모로 보시지 않고 각 사람의 행위대로 심판하시는 이를 너희가 아버지라 부른즉 너희가 나그네로 있을 때를 두려움으로 지내라 너희가 알거니와 너희 조상이 물려 준 헛된 행실에서 대속함을 받은 것은 은이나 금 같이 없어질 것으로 된 것이 아니요 오직 흠 없고 점 없는 어린 양 같은 그리스도의 보배로운 피로 된 것이니라"(벧전 1:17-19).

다시 바울에게로 돌아가자. 그가 지속적으로 이런 표현을 사용하는 것, 그가 빌립보서 2장에서 사용한 표현을 계속 사용하는 것이 마음에 들지 않을 수 있다. 이는 어쩌면 우리의 기대나 습관적인 어법에 어긋날지 모른다. 우리가 가장 아끼는 신념과 모순되어 보일 수도 있다. 하지만 그것은 부인될 수 없다. 그것은 하나님 보시기에 의로워지고 그분의 아들로 입양됨으로써 그분의 가족 안에 편입된 자들인 우리가 죄의 용서로 인해 즐거워한다는 사실을 약화시키거나 손상시키지 않는다. 바울은 이렇게 말하는 듯하다. "비록 나는 부재하게 되겠지만, 살아계신 하나님은 영원토록 현존하십니다. 사람 앞에서 섬기듯이 하지 말고 하나님께 하듯이 섬기십시오. 그분의 눈을 의식하십시오. 당신이 기꺼이 순종할 모든 이들에게, 본질과 방향과 정직과 겸손을 공급하겠다는 태도로 하십시오."

이것은 죄 없이 완벽하라는 요구가 아니다. 신실하게 경건을 추구하라는 요구다. 바울이 다음과 같이 기록한 이유이기도 하다.

내가 이미 얻었다 함도 아니요 온전히 이루었다 함도 아니라 오직 내가 그리스도 예수께 잡힌 바 된 그것을 잡으려고 달려가노라 형제들아 나는 아직 내가 잡은 줄로 여기지 아니하고 오직 한 일 즉 뒤에 있는 것은 잊어버리고 앞에 있는 것을 잡으려고 푯대를 향하여 그리스도 예수 안에서 하나님이 위에서 부르신 부름의 상을 위하여 달려가노라 그러므로 누구든지 우리 온전히 이룬 자들은 이렇게 생각할지니 만일 어떤 일에 너희가 달리 생각하면 하나님이 이것도 너희에게 나타내시리라(빌 3:12-15).

이것은 두렵고 떨림으로 자기의 구원을 이루어가는 자, 다른 사람들도 같은 기준과 목표에 헌신하기를 갈망하는 자의 선포다. 신앙을 고백하는 그리스도인이 복음의 빛에 반해 계속해서 습관적으로 불순종하며 살아가는 것은 단순한 미성숙이 아니다. 절대적으로 어리석은 짓이며, 자신의 신앙고백을 거짓으로 만드는 일이다. 그리스도인은 자기 구원을 이루어간다. 그는 계속해나간다.

이쯤에서 우리는 그 엄청난 요구에 철저한 압박감을 느낀다. 누구라서 자기 마음을 들여다보고는 여전히 왕좌에서 자리다툼을 하는 우상들을 발견하지 않겠는가? 이 무게감은 우리를 짓누른다. 모든 참된 신자는 이 전쟁을 느끼고 그 아래서 울부짖는다. "오호라 나는 곤고한 사람이로다 이 사망의 몸에서 누가 나를 건져내랴"(롬 7:24). 나는 어찌해야 할까? 그런 삶을 위해 대체 어디서 힘을 찾을까? 최후 승리는 고사하고 한 걸음 전진에 대한 소망이 있기나 할까?

바울이 주는 확신

마지막 질문에 대한 답은 쟁쟁하게 울리는 '그렇다'이다! 바울은 짐을 덜어주지 무겁게 하지 않는다. 구원하시는 하나님의 계획과 구원받은 인간의 갈망 사이에 행복한 연합이 있다. 하나님께서 우리에게 너희는 그리스도의 형상을 본받기 위해 구원받은 것이라고 말씀하실 때, 신자는 "할렐루야!"를 외친다. 그보다 더 그의 영혼을 기쁘고 생기있게 하는 것은 없기 때문이다.

다시 말하지만, 여기서 우리는 그리스도 안에서 우리의 정체성을 이해하는 일이 얼마나 중요한지를 본다. 싱클레어 퍼거슨은 죄 죽임에 관한 글에서 이 연관성을 설명하는데, 골로새서 3장에서 시작하면서 이렇게 주장한다.

> 우선, 바울은 우리가 그리스도 안에서 우리의 새로운 정체성을 잘 아는 것이 얼마나 중요한지 강조한다(골 3:1-4). 영적으로 실패해서 우리가 누구인지(우리는 그리스도의 것)를 잊어버린 것 때문에 애통해할 때가 얼마나 많은가. 우리는 새로운 정체성을 갖는다. 우리는 더 이상 "아담 안에"가 아니라 "그리스도 안에" 있다. 육신 안에가 아니라 성령님 안에 있다. 이전 것에 지배당하는 게 아니라 새로운 피조물로 살아간다(롬 5:12-21; 8:9; 고후 5:17). 바울은 이것을 설명하는 데 시간을 들인다. 우리는 그리스도와 함께 죽었다(골 3:3; 우리는 그리스도와 함께 장사지낸 바 되기까지 했다.

2:12 참조). 우리는 그리스도와 함께 다시 살리심을 받았다(골 3:1). 그리고 우리 생명이 그리스도와 함께 감추어졌다(골 3:3). 정녕, 우리가 그리스도와 그렇게 연합되어 있기 때문에 그리스도께서는 우리 없이 영광 중에 나타나지 않으실 것이다(골 3:4).

죄를 없애지 못한 원인은 영적인 기억상실증 때문일 때가 많다. 우리의 새롭고 참된 진짜 정체성을 잊어버린 것이다. 신자로서 나는 죄의 지배에서 건짐 받은 자이다. 그러므로 나는 자유하고, 내 마음속의 죄의 잔당들에 대항해 싸워야겠다는 동기를 얻는다.

그러므로 첫 번째 원칙은 이것이다. 당신의 새로운 정체성(당신은 그리스도 안에 있다)을 알고, 믿고, 충분히 생각하고, 그에 따라 행동하라.[5]

사도는 빌립보서 2장에서 자신의 간곡한 권고에 대한 신학적인 토대를 제공하고 있다. 이 명령은 혼자 주어지지 않는다. 오히려 믿음으로 의롭다 하심을 받은 신자들이 "우리 주 예수 그리스도로 말미암아 하나님과 화평을 누리"고 "그로 말미암아 우리가 믿음으로 서 있는 이 은혜에 들어감을 얻었으며 하나님의 영광을 바라고 즐거워"한다고 가정한다(롬 5:1-2). 우리의 노력은 우리 마음 안에서의 하나님의 우선적이고 지속적인 사역 위에 세워지며 그것에 의존한다. 초자연적인 구원의 은혜가 작동하고 있다. 이 은혜는 모든 자랑하는 마음에 칼을 내민다.

---

5) Sinclair Ferguson, "How to Mortify Sin," *Ligonier Ministries* (blog), http://www.ligonier.org/blog/how-mortify-sin/.

당신의 수고는 헛되지 않을 것이지만, 그 수고의 영광을 당신이 얻지는 않을 것이다. 하나님이 얻으실 것이다. 왜냐하면 하나님이 바로 당신이 수고하는 그 일의 성취를 가능케 하는 능력을 공급하신 분이기 때문이다. 그분은 당신의 충분한 힘이시다. 그리스도 안에서 성령님에 의해 당신이 마시고 살 수 있도록 솟아나는 산 우물을 공급하신 분이다.

바울은 갈라디아서 5장에서 이를 이렇게 묘사한다. "내가 이르노니 너희는 성령을 따라 행하라 그리하면 육체의 욕심을 이루지 아니하리라 육체의 소욕은 성령을 거스르고 성령은 육체를 거스르나니 이 둘이 서로 대적함으로 너희가 원하는 것을 하지 못하게 하려 함이니라 너희가 만일 성령의 인도하시는 바가 되면 율법 아래에 있지 아니하리라"(16-18절).

이제까지와 같이 바울은 이 권고를 가능성 있는 이론의 영역에 남겨두지 않는다. 그는 "음행과 더러운 것과 호색과 우상 숭배와 주술과 원수 맺는 것과 분쟁과 시기와 분냄과 당 짓는 것과 분열함과 이단과 투기와 술 취함과 방탕함과 또 그와 같은 것들"(19-21절)에 대해 말하며, 그런 불경건에 빠지는 것은 우리를 하나님 나라에서 배제시킨다는 사실을 강조한다.

반면, "성령의 열매는 사랑과 희락과 화평과 오래 참음과 자비와 양선과 충성과 온유와 절제"이다(22-23절). 바울은 다시금 우리에게 성령으로 살며 육체와 함께 그 정욕과 탐심을 십자가에 못 박은 사람으로서 성령으로 행하라고 말한다. 그분의 기쁘신 뜻을 소원하고 실천하도록 우리 안에서 일하시는 분은 하나님이시다.

자, 하나님께서 성도 안에서 먼저 그분의 기쁘신 뜻을 '소원하도록' 일하신다는 사실에 주목하라. 우리 마음 안에서의 성령님의 사역의 결과로, 우리는 죄를 미워하고 거룩을 갈망한다. 선을 실천하려는 모든 자유의지, 순종하려는 모든 결심, 모든 거룩한 다짐과 목적은 마음을 새롭게 하시는 하나님의 사역의 결과다. 주님께서 그런 갈망을 우리 안에 넣어주지 않으셨다면, 우리는 경건에 대해 아무런 갈망이 없었을 것이다. 하지만 우리의 하나님은 훨씬 더 많은 것을 하신다. 성취에 대한 소망이 없는 단순한 갈망은 심각한 절망으로 가는 지름길일 것이기 때문이다.

그래서 하나님은 성도 안에서 그분의 기쁘신 뜻을 '실천하도록' 일하신다. 원인은 의도된 결과를 낳는다. 자유의지는 행동을 낳는다. 결심은 실행을 낳는다. 거룩한 다짐은 거룩한 성취를 낳는다. 하나님의 작전이 있다. 하나님의 영광을 위한 우리의 모든 수고를 뒷받침하고 돕고 촉발하는 작전이다. 하나님은 의로운 것을 소원하고 실천하도록 일하신다. 그분께서 동기와 능력을 주신다. 그것을 통해 성도는 하나님께서 이미 일하셨고 지금도 일하고 계신 그것을 이룬다.

전 과정에서의 본보기는 "그분의 기쁘신 뜻"이다. 모든 것이 하나님의 은혜로운 선하심에서 흘러나온다. 그분의 기쁘신 뜻이 우리의 모든 선한 일의 원천이다. 그분의 최종 목표가 우리의 완성된 구원이다. "너희 안에서 착한 일을 시작하신 이가 그리스도 예수의 날까지 이루실 줄을 우리는 확신하노라"(빌 1:6).

다시 한번 로마서 8장 29-30절을 생각하라. 하나님은 그분이 거룩하시듯 우리가 거룩해지는 것을 보려고 작정하시고, 우리가 점차 그 아들의 형상을 본받아서 예수님과 같이 더욱 온전해지는 것을 보기를 기뻐하신다. "하나님이 미리 아신 자들을 또한 그 아들의 형상을 본받게 하기 위하여 미리 정하셨으니 이는 그로 많은 형제 중에서 맏아들이 되게 하려 하심이니라 또 미리 정하신 그들을 또한 부르시고 부르신 그들을 또한 의롭다 하시고 의롭다 하신 그들을 또한 영화롭게 하셨느니라." 하나님의 자녀인 우리의 즐거움과 복은 우리를 향한 하나님의 궁극적인 목적과 묶여있다. 그분은 주권적으로 그것을 실현시키신다.

바울은 당신이 열심히 한다면 어쨌거나 당신의 구원에 일조하게 될 거라고 말하지 않는다. 하나님께서 일하시니 당신은 성가시게 일할 필요가 없다고 말하지도 않는다. 하나님께서 일하시니, 하나님의 자녀도 일한다. 우리 안에서 일을 시작하고 완성할 분이신 하나님과 함께 하나님을 의존해서 말이다. 빌립보서 3장 12절에서 이 진술의 원형을 볼 수 있다. "내가 이미 얻었다 함도 아니요 온전히 이루었다 함도 아니라 오직 내가 그리스도 예수께 잡힌 바 된 그것을 잡으려고 달려가노라." 이 말씀에 대한 이해는, 미리 정해진 대로 행동하는 로봇같은 사람이 아니라 특별한 종류의 사람, 곧 하나님의 뜻을 알고 실천하는 사람을 낳는다. 야곱의 집은 자기 기업을 누리라고 부르심을 받는다(옵 1:17). 그들의 소유가 된 것을 꼭 잡으라고, 하나님께서 일하고 계신 바를 이루라고 말이다.

이는 모든 하나님의 자녀에게 도전이다. 수련회에 참석하고, 책을 읽고, 특별히 건강한 성도와 교제하는 것, 이것들은 일시적으로 동기를 주었다가 노력의 정점을 찍고 순식간에 사라져버릴까? 아니면 이 원칙들이 우리의 영혼을 매일 매주 붙잡아줄까? 이러한 태도는 위베르 성인에게 속한 것이나 율법적인 표현에 불과할까? 아니면 건강한 성도의 전형적인 성향에서, 이런 성향을 먹이고 유지하는 은혜의 수단인 매주 단위의 하나님과의 특별한 교제에서 보게 될까? 이 실재는 하나님의 은혜가 우리 안에 그리고 우리 위에 변함없이 작동 중이라는 것, 하나님의 영이 우리 마음에 거하신다는 것, 하나님의 임재와 능력이 우리와 함께하며 기쁘고 굳건한 순종의 삶으로 인도한다는 것을 새롭게 깨닫게 할까?

나는 이 책의 독자들이 구원을 이루어가는 일을 멈출 필요가 없기를 바란다. 즉, 나는 당신이 구원을 이루어감에 있어서 잘못된 근거로 잘못된 일을 하고 있지 않기를 소망한다. 만약 당신이 여전히 잘못된 것을 추구하고 있다면, 당신은 멈추고 그리스도를 바라보기 시작해야 한다. "나를 바라보아라. 그러면 구원을 얻을 것이다." 당신의 수고를 제자리에 두라. 오직 믿음으로 말미암아 은혜에 의해서 구원을 받으라. 당신이 소유하게 된 구원에 있어서 당신의 은혜로운 그리고 하나님 의존적인 수고는 분명 뒤따를 것이다. 그리고 이 모든 것은 은혜에 속할 것이다. 하나님께서 당신 안에서 소원을 두고 실천하게 하신 것으로 인해, 그리고 당신이 그분을 위해서 소원하고 실천한 것으로 인해, 구원의 하나님께서 모든 영광을 받으실 것이다.

더 깊은 묵상을 위한 질문

1. '우리를 위한 사역으로서의 구원'과 '우리 안의 사역으로서의 구원'이 있는데, 이 둘의 차이점은 무엇인가?

2. 두렵고 떨림으로 너희 구원을 이루라는 바울의 간곡한 권고가 그리스도인들을 향한 것임을 기억하는 것이 왜 그토록 중요한가?

3. 그리스도인이 순종의 문제에 있어서 하나님이 아닌 사람 앞에서 산다면 어떤 유혹에 직면하겠는가?

4. 자신의 구원을 이루어가는 그리스도인의 목표는 무엇인가?

5. 맨소울을 정결하게 만드는 과정에 관한 번연의 요약을 다시 한번 읽으라. 디아볼루스의 잔당들 중 당신의 삶에서 근절해야 할 것은 무엇인가?

6. "두렵고 떨림으로"라는 바울의 표현을 설명하라. 구원을 이루어가는 신약의 신자에게 이것이 적절한 마음가짐인 이유는 무엇인가? 그리고 그것은 실제로 어떤 모습이겠는가?

7. 우리와 주 예수님과의 연합과 우리의 거룩을 위해 계속되는 전쟁 사이에는 무슨 관계가 있는가?

8. 경건에 대한 갈망과 그것을 추구할 능력은 어디에서 오는가? 우리 안에서의 하나님의 사역과 우리의 구원을 이루는 우리의 일 사이에는 무슨 관계가 있는가? 이것들이 신자를 어떻게 격려하고 자극하는가?

이제 후로는 나를 위하여 의의 면류관이 예비되었으므로
주 곧 의로우신 재판장이 그 날에 내게 주실 것이며
내게만 아니라 주의 나타나심을 사모하는 모든 자에게도니라

디모데후서 4장 8절

8장

영원한 미래를 바라보기

바울은 예수 그리스도의 종으로서의 마지막 인생길에 접어들면서 믿음 안에서 "사랑하는 아들" 디모데에게 마지막 명령을 기록한다(딤후 1:2). 바울이 다메섹 도상에서 부활하신 예수님을 대면하여 보고 믿은 이래로, 그의 기본적인 마음가짐은 열심과 성실과 겸손과 전심과 순종의 섬김이었다. 그의 인생은 "주여, 제가 무엇을 하기 원하시나이까"라는 질문에 대한 대답이었다(행 9:6).

주 그리스도의 요청과 부탁을 받은 바울은 신실하게 자기 임무를 수행했고, 이제는 그 바통을 디모데에게, 진리를 사수하고 사역을 완수하라는 심오하고 냉철한 명령과 함께 넘겨주고 있다. 바울이 어떻게 말했고 디모데가 어떻게 받았는지는 상상에 맡길 뿐이다.

> 하나님 앞과 살아 있는 자와 죽은 자를 심판하실 그리스도 예수 앞에서 그가 나타나실 것과 그의 나라를 두고 엄히 명하노니 너는 말씀을 전파하라 때를 얻든지 못 얻든지 항상 힘쓰라 범사에 오래 참음과 가르침으로 경책하며 경계하며 권하라
> 때가 이르리니 사람이 바른 교훈을 받지 아니하며 귀가 가려워서 자기의 사욕을 따를 스승을 많이 두고 또 그 귀를 진리에서 돌이켜 허탄한

이야기를 따르리라 그러나 너는 모든 일에 신중하여 고난을 받으며 전도자의 일을 하며 네 직무를 다하라(딤후 4:1-5).

이 말의 배경은 그의 인생의 전성기가 지나고 황혼기에 접어들 때였다. 이 사람에게는 평화로운 끝, 느긋한 은퇴, 후임의 청출어람을 누리는 일이란 없었다. 대신, 그의 근본적인 성품이 바울의 인생 끝까지 이어졌다. 그는 그리스도의 종으로서 살았고 그렇게 죽을 것이었다. 그래서 그는 냉랭해지거나 무뎌지거나 공허해지지 않고 믿음과 소망과 사랑으로 충만했다.

성품과 수고가 의도적으로 책임을 뒤따른다. 그의 인생과 임박한 죽음은 그가 말하는 방식과 그 말이 어떻게 들려질지 그가 의도한 방식 모두에 있어서 그의 말에 힘을 실어준다. "전제와 같이 내가 벌써 부어지고 나의 떠날 시각이 가까웠도다 나는 선한 싸움을 싸우고 나의 달려갈 길을 마치고 믿음을 지켰으니 이제 후로는 나를 위하여 의의 면류관이 예비되었으므로 주 곧 의로우신 재판장이 그 날에 내게 주실 것이며 내게만 아니라 주의 나타나심을 사모하는 모든 자에게도니라"(딤후 4:6-8). 이 구절에서 바울은 주변을 둘러보고, 과거를 돌아보고,

미래를 바라본다. 그가 보는 광경은 그의 명령을 디모데의 양심 깊숙이 밀어 넣는다.

주변을 둘러보기

디모데후서 4장이 보여주는 이미지는 기본적으로 엄숙하다. 여기 늙고 지친 사도가 있다. 그는 의지할 수 있을 거라 믿었던 자들에게 버림받았다. 복음 때문에 자기의 가장 신실한 동역자들을 잃었다. 자주 매맞아 멍든 그의 육체가 추위를 느꼈기에 겉옷을 부탁한다. 독서를 계속 하기 원하지만, 책을 빼앗겼다고 느낀다. 그의 인격과 믿음에 대한 공격을 받고 고립되어 있다. 깊은 동정을 불러일으키는, 대단히 인간적인 그림이다.

사도는 자기 상황을 살펴보다가 냉철한 결론에 도달한다. 그는 전제와 같이 부어지고 있으며, 머지않아 이 땅을 떠날 것이다. 그는 언제나 자신의 사역을 제물로 여겼다. (정녕 그의 모든 인생은 그리스도 예수를 위해 산 인생이었다.) 그는 신자의 삶의 특징을 말할 때 이 표현을 반복해서 사용한다. 로마서에서 그는 강도 높게 말한다. "그러므로 형제들아 내가 하나님의 모든 자비하심으로 너희를 권하노니 너희 몸을 하나님이 기뻐하시는 거룩한 산 제물로 드리라 이는 너희가 드릴 영적 예배니라 너희는 이 세대를 본받지 말고 오직 마음을 새롭게 함으로 변화를 받아 하나님의 선하시고 기뻐하시고 온전하신 뜻이 무엇인지 분별하도록 하라"(롬 12:1-2). 그의 사도직에 대한 생각, 곧 "이방인을 위하여 그리스도 예수의 일꾼이 되어 하나님의 복음의 제사장 직분을 하게 하사 이방인을 제물로 드리는 것이 성령 안에서 거룩하게 되어 받으실 만하게 하려 하심이라"(롬 15:16)라는 구절에도 섬김을 제물로 여기는 그의 이해가 엿보인다.

그는 다른 옥중서신에서도 죽음의 가능성이 그의 생각에 자리 잡기 시작하자 전제라는 설명을 사용했다. 빌립보 교인들에게 편지를 쓰며 그는 덜 분명하기는 하지만 같은 의미를 사용했다. "만일 너희 믿음의 제물과 섬김 위에 내가 나를 전제로 드릴지라도 나는 기뻐하고 너희 무리와 함께 기뻐하리니"(빌 2:17). 이 이미지는 제사 의식에서 왔는데, 민수기 15장 1-10절을 보면 제물을 드리는 마지막 순서에서 전제로 포도주를 붓는다. 후에 바울이 다른 감옥에 갇혀서 이전보다 더욱 커진 순교의 가능성을 생각했을 때 그는 희생 제물의 함축적인 의미를 떠올리고는 자신이 희생적인 순종의 삶의 마지막 순간에 다다랐음을 보았다. 바울은 자신의 인생에서 그리스도를 위해 고난당했고 기꺼이 자신을 드렸다. 바울의 그런 자기희생은 이미 오래전에 시작되었고 수년 동안 계속되었는데, 이제 완성되려 한다.

그는 마지막 단계가 임박했음을 확신한다. "나의 떠날 시각이 가까웠도다." 잔혹한 끝을 앞둔 사람이 했다고 하기에는 놀랍도록 온화한 말이다. 마치 야영지에서 철수하면서 이동하기 위해 텐트를 접는 군인의 목소리와도 같다. 여행을 계속하기 위해 현재의 항구를 떠날 준비를 하며 닻을 내리는 배와도 같다. 로마는 그의 삶을 완전히 끝내려 했지만, 바울은 그 최종적인 의미에서 이것은 결코 끝이 아니라고 말한다. 이것은 단지 출발, 결정적인 이주, 마침내 고향을 향해 가는 일일 뿐이라고 말이다. 정녕 그는 늘 세상을 떠나 그리스도와 함께 있는 편이 훨씬 더 좋다고 여기며 그러기를 갈망했다(빌 1:23).

우리는 여기에서도 우리 주 예수 그리스도를 떠올린다. 바울은 그리스도 중심적인 삶을 살았고 그리스도처럼 섬겼다. 그는 계속해서 그리스도로 충만한, 그리스도를 닮은 고난을 겪는다. 그의 구주처럼 그도 온화한 끝을 맞이하지 못했지만, 그의 구주처럼 그리고 그의 구주 때문에 그는 믿음 안에서 죽는다. 자기가 믿는 분이 누구인지를 알기에 자신이 의탁한 그것을 메시아께서 끝날까지 지키실 것을 확신한다. "아, 이것이 죽음인가요? 제가 어찌 이 미소짓는 친구를 원수처럼 두려워하겠어요?" 바울에게 현재의 상황은 제물로서의 인생에서 제물로 살아간 그의 마지막 행위다. 그는 믿음으로 죽음을 맞이한다. 그런 엄숙한 미래를 그토록 차분하게 판단할 수 있었던 이유는 바로 하나님의 말씀, 곧 성육신하신 말씀과 기록된 말씀을 믿었기 때문이다.

과거를 돌아보기

현재 상황을 심사숙고한 후에, 바울은 눈을 돌려 다메섹 도상에서 예수님의 종이 되었던 때로 거슬러 올라간다. 그리고 자기 인생을 세 마디로 정리한다. "나는 선한 싸움을 싸우고 나의 달려갈 길을 마치고 믿음을 지켰으니"(딤후 4:7). 이 세 가지 진술에는 우리가 주목해야 할 두 가지 기술적인 요소가 있다.

첫째, 세 동사는 모두 완료 시제로, 이 동사는 과거부터 현재까지 계속되는 상태다. 그러므로 나는 이 세 가지가 완료된 사역이 아니라고 생각한다. 오히려 지금도 계속되는 사역이다. 바울은 여전히 싸우고 있고, 여전히 마치고 있으며, 여전히 지키고 있다. 노력은 계속되고 있으며 앞으로도 그의 마지막 호흡 때까지 계속될 것이다.

둘째, 바울의 헬라어 표현에는 영어 번역본과는 다른 곳에 강조점이 있다. 영어 표현은 마치 바울이 자기 자신에게 주의를 집중시키려 한다는 듯, 자기중심적인 인상을 준다. "나는…… 나는…… 나는……." 하지만 이것은 바울이 의도한 바가 아니다. 오히려 그는 사실상 "선한 싸움을 나는 싸웠고 여전히 싸우고 있습니다. 달려갈 길을 나는 마쳐왔고 여전히 마치고 있습니다. 믿음을 나는 지켜왔고 여전히 지키고 있습니다"라고 말한다. 만약 당신이 그에게 "바울 선생님, 이 삶은 무엇에 관한 것입니까? '당신의' 싸움, '당신의' 마침, '당신의' 지킴에 관한 것입니까?"라고 묻는다면, 그는 이렇게 대답할 것이다. "아니요. 전혀 그렇지 않습니다. 이 말의 초점과 목표, 우선순위는 '싸움', '달려갈 길', '믿음'입니다. 이것이 우리에게 중요한 것들입니다." 그렇다면 여기서 사도가 간증하려는 것은 무엇일까?

"선한 싸움을 나는 싸웠고 여전히 싸우고 있습니다."

이것은 '선한' 싸움, 선한 시합이다. 거룩한 씨름보다 더 좋은 게 없고 더 고상한 게 없다. 그것이 요구하는 모든 노력이 가치 있고, 그것은 모든 노력을 요구한다. 시합이라는 단어와 바울이 여기서 사용한 단어는 '고뇌(agony)'라는 영단어의 어근이다. 바울은 이것이 값비싼 전쟁이었다고 말한다. 바울이 매우 좋아하며 인용하는 운동 경기 이미지가 있는데, 바로 씨름이다. 바울은 강력한 적에 맞서 격렬한 경기를 치뤄 왔고, 현재도 엄청나게 분투해야 하며, 끝날 때까지 계속해서 그래야 한다.

"달려갈 길을 나는 마쳐왔고 여전히 마치고 있습니다." 여기 바울이 좋아하는 이미지가 또 있다. 빌립보서 3장 12절에서 발견한다. "내가 이미 얻었다 함도 아니요 온전히 이루었다 함도 아니라 오직 내가 그리스도 예수께 잡힌 바 된 그것을 잡으려고 달려가노라." 고린도전서에서도 발견한다. "운동장에서 달음질하는 자들이 다 달릴지라도 오직 상을 받는 사람은 한 사람인 줄을 너희가 알지 못하느냐 너희도 상을 받도록 이와 같이 달음질하라"(고전 9:24). 히브리서 12장에서도 사용된다. "이러므로 우리에게 구름 같이 둘러싼 허다한 증인들이 있으니 모든 무거운 것과 얽매이기 쉬운 죄를 벗어 버리고 인내로써 우리 앞에 당한 경주를 하며"(히 12:1). 이 모든 경우가 의미하는 바는 이것이 장거리 경주라는 것이다.

학창시절에 했던 크로스컨트리 경주가 생각난다. 종착지를 지역 공원으로 삼고는 했는데, 대개는 진흙탕이 깊어서 작은 소년들을 영원히 삼켜버릴 것 같은 곳이었다. 코스 중 상당 구간은 나무와 수풀이 우거진 곳을 통과해야 했다. 선생님의 시야에서 벗어나면 학생들은 즉시 속도를 떨어뜨리고 춥고 더러운 곳을 어기적거리다가, 결승선에 도착해야 할 때가 되면 숨어 있던 곳에서 뛰쳐나갔다. 우리가 나무 숲을 탈출해서 선생님의 시야에 들어갈 때, 발꿈치가 들어올려지고 속도가 붙는 것을 보면 정말 놀라웠다. 하지만 바울은 누군가가 보고 있다고 생각할 때에만 일시적으로 속도를 내라고 말하는 것이 아니다. 바울이 참여했던 경주는 언제나 잘 달려야 하고, 잘 마쳐야 하는 경주였다. 그리고 이제 사도는 머지 않은 곳에서 결승선, 곧 코스의 끝을 보기 때문에 미소를 짓는다. 자신을 죄인 중에 괴수로 여긴 그는 자신의 목표에, 곧 죄인들을 구원하시는 하나님의 영광에 자기 시선을 고정한다.

> 계시를 따라 올라가 내가 이방 가운데서 전파하는 복음을 그들에게 제시하되 유력한 자들에게 사사로이 한 것은 내가 달음질하는 것이나 달음질한 것이 헛되지 않게 하려 함이라(갈 2:2).

> 너희가 달음질을 잘 하더니 누가 너희를 막아 진리를 순종하지 못하게 하더냐(갈 5:7).

> 모든 일을 원망과 시비가 없이 하라 이는 너희가 흠이 없고 순전하여 어그러지고 거스르는 세대 가운데서 하나님의 흠 없는 자녀로 세상에서

그들 가운데 빛들로 나타내며 생명의 말씀을 밝혀 나의 달음질이 헛되지 아니하고 수고도 헛되지 아니함으로 그리스도의 날에 내가 자랑할 것이 있게 하려 함이라(빌 2:14-16).

약한 자들에게 내가 약한 자와 같이 된 것은 약한 자들을 얻고자 함이요 내가 여러 사람에게 여러 모습이 된 것은 아무쪼록 몇 사람이라도 구원하고자 함이니 내가 복음을 위하여 모든 것을 행함은 복음에 참여하고자 함이라 운동장에서 달음질하는 자들이 다 달릴지라도 오직 상을 받는 사람은 한 사람인 줄을 너희가 알지 못하느냐 너희도 상을 받도록 이와 같이 달음질하라(고전 9:22-24).

이러므로 우리에게 구름 같이 둘러싼 허다한 증인들이 있으니 모든 무거운 것과 얽매이기 쉬운 죄를 벗어 버리고 인내로써 우리 앞에 당한 경주를 하며 믿음의 주요 또 온전하게 하시는 이인 예수를 바라보자 그는 그 앞에 있는 기쁨을 위하여 십자가를 참으사 부끄러움을 개의치 아니하시더니 하나님 보좌 우편에 앉으셨느니라(히 12:1-2).

바울은 경주의 끝자락에서 헛되이 경주를 마치지 않기를 기도하고 있다.

"믿음을 나는 지켜왔고 여전히 지키고 있습니다." 이제 이 하나님의 사람은 비유를 버리고 명료하게 말한다. 진리는 그에 비견될 만한 다른 무엇보다 더 우리에게 소중하다. 바울은 진리의 복음이라는 위대한 보물을 잘 지켜왔다. 측량할 수 없는 예수 그리스도의 풍성함을 말이다. 그는 "내[하나님의] 이름을 이방인과 임금들과 이스라엘 자손들에게 전하기 위하여 택한 나의[하나님의] 그릇"(행 9:15)으로서 어느 인간적인 통로를 통해서가 아니라 오직 "예수 그리스도의 계시로 말미암"아(갈 1:12) 그에게 맡겨진 구원의 진리를 고수했고 신실하게 선포했다. 그는 망설이지 않았고, 희석하지 않았고, 편집하지 않았고, 부끄러워하지 않았고, 첨가하지 않았고, 변형하지 않았다. 오직 복음을 고수하고 의지했으며, 자신이 보냄 받은 자들에게 하나님의 뜻을 선포했다.

이것은 바울이 자기 과거의 삶의 풍경을 돌아보면서 본 것이다. 그가 산 세월의 윤곽선이다. 높은 산과 저지가 있고 봉우리와 골짜기가 있다. 이 곧은 길은 한 치의 오차도 없이 뻗어 있었다. 모든 수고와 시련과 승리의 기록 한복판에 싸움, 마침, 믿음이라는 삼색기가 바울의 삶 위에서 펄럭인다. 예수 그리스도의 충실한 종인 이 사람에게 이제 무엇이 남아 있을까?

미래를 바라보기

바울은 "이제 후로는 나를 위하여 의의 면류관이 예비되었으므로 주 곧 의로우신 재판장이 그 날에 내게 주실 것이며 내게만 아니라 주의 나타나심을 사모하는 모든 자에게도니라"(딤후 4:8)라고 기록한다. 바울은 '위대한 면류관'을 본다. 디모데후서 4장 18절에서 그가 어떻게 이어가는지를 검토하라. "주께서 나를 모든 악한 일에서 건져내시고 또 그의 천국에 들어가도록 구원하시리니." 그는 건짐 받을 것이고 보존될 것이다. 바울을 위해 천국에 면류관이 예비되어 있다. 이는 구원을 얻기 위하여 믿음으로 말미암아 하나님의 능력으로 보호하심을 받은 자들을 위해 정해진 유업이다(벧전 1:3-5). 아무도 바울에게서 이 면류관을 빼앗을 수 없다. 이 승리의 화관은 너무도 확실하게 그의 것이다. 하지만 이 면류관의 성격을 주목하라. 이것은 "의의 면류관"이다.

다시 바울은 경기장으로 돌아온다. 각 종목에는 그와 연관된 면류관이 준비되어 있다. 승리한 주자는 달리기에서 면류관을 받고, 승리한 레슬러는 레슬링에서 면류관을 받는다. 다른 종목도 그렇다. 상은 경쟁의 성격과 밀접하게 연결되어 있다. 이 면류관(이 승리의 화관)도 의로움에서 승리한 자에게 주어진다. 이 의는 그리스도로부터 전가된 의(칭의)가 아니라, 그리스도를 닮기 위해 열심히 추구된 의(성화)다. 이 의(주 그리스도께 헌신된 순종의 삶)가 우리에게 의의 면류관을 받아들이고 즐길 자격을 주고 준비시킨다. 그 면류관은 승리를 얻기까지 싸우는 자를 위해 예비된다.

하지만 바울은 또한 '위대하신 그리스도'를 본다. 이 상을 베푸실 분은 그리스도시다. 바울의 시선이 얼마나 신속하고도 기꺼이 상에서 상 주시는 이에게로 옮겨가는지! 결혼이나 약혼 때에 반지를 주고받는 신부를 생각해보라. 그 반지의 값은 비쌀 수도 아닐 수도 있지만, 그녀를 황홀하게 하고 그녀의 심박수를 높이는 것은 단지 그 반지가 아니라 누가 그녀의 손가락에 반지를 끼워주느냐다. 새뮤얼 러더퍼드(Samuel Rutherford)는 이 황홀감에 대해 인지하고는 자기 말로 풀어 찬송가로 기록했다.

> 신부의 시선은 옷을 향하지 않고
> 오직 사랑하는 신랑의 얼굴만을 향하네.
> 난 영광을 바라보지 않고
> 오직 나의 은혜의 왕께만 집중할 테야.
> 그분이 주시는 면류관이 아니라
> 그분의 찢긴 손을 바라볼 테야.
> 임마누엘 나라의 모든 영광이
> 어린양께 있다네.[1]

우리는 주님께서 그의 종의 이마에 의의 면류관을 씌워주실 때 기쁨과 사랑에 겨워 하시는 말씀, "잘하였도다 착하고 충성된 종아 네가 적은 일에 충성하였으매 내가 많은 것을 네게 맡기리니 네 주인의 즐거움에 참여할지어다"(마 25:23)를 들을 수 있을까? 그 종은 처음부터 그리스도로 자신을 규정했다. 그는 그리스도에 의해 부르심 받았고, 그리

---

1) Anne Ross Cousin, "The Sands of Time Are Sinking." 커즌이 시구를 썼지만, 그녀는 새뮤얼 러더퍼드의 감성에 기초해서 이 시구를 썼다.

스도를 믿고, 그리스도와 연합되었으며, 하나님의 권속 안에서 그리스도와 함께 상속자가 되었고, 그리스도를 위해 섬기고, 그리스도의 이름을 견디고, 그리스도와 함께 고난당하고, 그리스도 안에서 죽고, 마지막으로 그리스도와 함께 영광 중에 앉는다. "이기는 그에게는 내가 내 보좌에 함께 앉게 하여 주기를 내가 이기고 아버지 보좌에 함께 앉은 것과 같이 하리라"(계 3:21). 종의 임무는 철저히 그리스도 중심적이다. 그분은 의로운 재판관이시며, 재림의 날에 그분은 모든 사람과 그들이 받을 몫을 판단하실 것이다. 바울은 언제나 자기 자신과 자기가 설교하는 성도들을 위해 이 날을 염두에 두며 섬겼다.

> 우리의 소망이나 기쁨이나 자랑의 면류관이 무엇이냐 그가 강림하실 때 우리 주 예수 앞에 너희가 아니냐 너희는 우리의 영광이요 기쁨이니라…… 하나님 우리 아버지와 우리 주 예수는 우리 길을 너희에게로 갈 수 있게 하시오며 또 주께서 우리가 너희를 사랑함과 같이 너희도 피차간과 모든 사람에 대한 사랑이 더욱 많아 넘치게 하사 너희 마음을 굳건하게 하시고 우리 주 예수께서 그의 모든 성도와 함께 강림하실 때에 하나님 우리 아버지 앞에서 거룩함에 흠이 없게 하시기를 원하노라(살전 2:19-20; 3:11-13).

이 날은 모든 괴로움이 끝나고, 교회에 대한 모든 공격이 끝나고, 모든 괴롭히는 자와 공격하는 자가 완전히 벌을 받게 되는 날이다. 그리스도께서 모든 잘못된 것을 바로 잡으시고 자기를 위하여 모든 고통을 보상하실 것이다. 의로운 자에게는 복을, 사악한 자에게는 저주를 내리시는 그분의 의로우신 심판을 그 무엇도 피해갈 수 없을 것이다. 그분의 백성들뿐만 아니라 그분의 원수들도 그분께 복종할 것이다.

하지만 바울은 또한 '위대한 무리'를 본다. 그는 그날에 홀로 면류관을 쓴 채 고립되지 않을 것이다. 그리스도께서 누구에게 이런 영원한 면류관을 주실 것인가? "주의 나타나심을 사모하는 모든 자에게"다. 바울은 탁월한 종이었지만, 그만큼이나 잘 해내는 자들, 그가 한 모든 일을 해낸 자들, 많은 회심자를 본 자들, 그만큼 고난을 당한 자들에게로 이 복을 국한시키지 않는다. 오히려 모든 것이 여전히 항상 주 예수님께 집중된다.

의로우신 재판장께서는 주의 나타나심을 사모하는 모든 자에게 의의 면류관을 주실 것이다. 이 말에 담긴 뜻은 분명하다. 그리스도의 나타나심을 사모하는 자들은 그리스도께서 나타나셨을 때 그 빛에 비추어 의롭게 산 자들이다. 그리스도 예수 안에서 경건하게 산 모든 자는 박해를 받을 것이지만, 바로 그 사람들은 예수님의 못 박히신 손으로부터 자기의 면류관을 받을 것이다. "모든 사람에게 구원을 주시는 하나님의 은혜가 나타나 우리를 양육하시되 경건하지 않은 것과 이 세상 정욕을 다 버리고 신중함과 의로움과 경건함으로 이 세상에 살고 복스러운 소망과 우리의 크신 하나님 구주 예수 그리스도의 영광이 나타나심을 기다리게 하셨으니 그가 우리를 대신하여 자신을 주심은 모든 불법에서 우리를 속량하시고 우리를 깨끗하게 하사 선한 일을 열심히 하는 자기 백성이 되게 하려 하심이라"(딛 2:11-14).

주의 나타나심을 사모하는 것에는 믿음이 동반한다. 이 믿음은, 지금 성부 하나님의 우편에 앉으신 그리스도께서 약속의 날에 다시 오셔서 그의 모든 원수들을 그의 발등상으로 삼으시기까지 기다리고 계신 것을 믿는다. 주께서 분명히 나타나실 날을 간절히 바라며 믿는다. "구원에 이르게 하기 위하여 죄와 상관 없이 자기를 바라는 자들에게 두 번째 나타나시리라"(히 9:28).

여기, 이 세상이 아니라 다음 세상에 헌신하며, 이 현재의 악한 시대에 오직 의롭게 살고자 하는 동기에 사로잡힌 남자와 여자, 소년과 소녀가 있다. "사랑하는 자들아 우리가 지금은 하나님의 자녀라 장래에 어떻게 될지는 아직 나타나지 아니하였으나 그가 나타나시면 우리가 그와 같을 줄을 아는 것은 그의 참모습 그대로 볼 것이기 때문이니 주를 향하여 이 소망을 가진 자마다 그의 깨끗하심과 같이 자기를 깨끗하게 하느니라"(요일 3:2-3). 이 사랑 역시 영원의 관점에서 이야기된다. 이들은 바울처럼 견디는 자들이다. 그리스도의 나타나심을 사모하기 시작했고 계속해서 사모하는 자들이다. 그 사모함이 그들에게 계속해서 영감을 주고, 그 결과 그들은 계속해서 선한 싸움을 싸우고, 달려갈 길을 마치고, 믿음을 지킨다.

사도가 현재와 과거와 미래를 묵상하며 그린 이 스케치에는 우리를 위한 교훈이 얼마나 많은가! 분명 우리는 주 예수님을 섬기는 삶이란 쉬운 삶이 아니라는 것, 쉬운 적이 없었고, 쉬워질 수도 없는 삶인 것을 깨닫는다. 끝까지 싸워야 한다. 성도 중에 게으름뱅이는 없다. 우리의 삶이 나아감에 따라 전쟁터도 바뀌겠지만, 영적인 전쟁에서 은퇴는 없다. 우리의 안식은 이생에서가 아니라 내생에서 온다. 우리는 그리스도인의 전쟁에서 물러서지 않는다. 오직 전진할 뿐이다. 물론, 일시적이고 분명한 쉼을 얻기 위한 몇 가지 방법이 있다. 논쟁을 회피하고, 세상에 동조하고, 거룩한 삶으로 증인이 되기를 피할 수 있다. 거룩한 삶은 언제나 어느 정도 십자가의 원수들의 경멸과 증오을 불러일으킨다. 하지만 우리가 주 예수님께 시선을 고정시키고 주의 나타나심에 대한 간절한 갈망에 사로잡힌다면 그럴 수 없다.

> 이 모든 것이 이렇게 풀어지리니 너희가 어떠한 사람이 되어야 마땅하냐 거룩한 행실과 경건함으로 하나님의 날이 임하기를 바라보고 간절히 사모하라 그 날에 하늘이 불에 타서 풀어지고 물질이 뜨거운 불에 녹아지려니와 우리는 그의 약속대로 의가 있는 곳인 새 하늘과 새 땅을 바라보도다
> 그러므로 사랑하는 자들아 너희가 이것을 바라보나니 주 앞에서 점도 없고 흠도 없이 평강 가운데서 나타나기를 힘쓰라 또 우리 주의 오래 참으심이 구원이 될 줄로 여기라 우리가 사랑하는 형제 바울도 그 받은 지혜대로 너희에게 이같이 썼고(벧후 3:11-15).

게다가 우리는 확실히 이렇게 자문해야 한다. "내 인생을 돌아본다면 어떨까? 내 섬김의 윤곽선을 돌아볼 때, 나는 무엇을 느끼게 될까? 어떤 색깔이 내 삶에 펄럭일까?" 하나님께서 당신에게 기회를 주신다면, 당신은 무엇을 보게 되겠는가? 지금 당신은 무엇을 보는가? 당신이 바울과 같이 볼 수 있는 유일한 방법은, 지금 그리스도를 위해 사는 것이다.

당연히 당신은 인생을 회고하면서 후회하고 싶지는 않을 것이다. 인생을 회고하며, 과거에 서원했던 그 결단을 기억할까? 당신이 말한 모든 소망을 떠올릴까? 한번 형성된 죄악된 습관들은 결코 깨지지 않는다며 슬픈 마음으로 동의할까? 거룩한 습관들이 등한시되고 포기된 것을 떠올릴까? 당신이 진리를 전해준 사람들과 당신을 진리로 안내해준 책들을 놓고 애통해할까?

아니면 당신의 죄와 실패를 생각하면서, 주님께서 당신을 지탱해주셨던 싸움에 대해, 지치지 않도록 유지해주신 달음질에 대해, 당신의 시선과 마음이 주님께 고정되도록 보호받은 믿음에 대해 거룩하고 적합한 만족을 얻을까? 우리가 지금 모든 무거운 것과 얽매이기 쉬운 죄를 벗어버리고 인내로써 우리 앞에 당한 경주를 시작하지 않는다면, 이런 일은 일어나지 않을 것이다(히 12:1-2). 당신은 죽기를 각오하고 살고 있는가? 당신은 예수 그리스도의 참된 종이라는 만족감을 가지고 섬기고 있는가?

그리고 우리 앞에 펼쳐진 전망이 어떠한가? 영광스럽지 않은가? 당신은 어쩌면 나이가 많아서 의의 면류관이 아주 가까이에 있는지 모른다. 아직 인생의 황혼기는 아니지만, 당신은 더 어린 형제자매들에게 마지막까지 본이 될 수 있을 것이다. 당신은 뒤따르는 이들에게 주님의 기쁨에 들어가는 방법을 가르치겠는가? 어떤 영광들이 성도에게 속하는가? 그 영광들이 우리 중 누구보다도 당신에게 더 가까이 있다. 매일 저녁 당신의 "움직이는 장막은 하루치만큼 고향에 더 가까워"[2]지고 있다. 그래서 나이가 더 어린 자들은 당신이 달음질을 거의 다 마친 것을 부러워할 수 있다. "나는 결승선에 정말 가까이 왔다오. 그래서 온 힘을 다해 달릴 수밖에 없다오"라고 말하는 저 옛날의 성도처럼 돼라. 당신은 어떤 본보기를 남기겠는가? 당신은 다른 사람들에게 당신이 산 것처럼 살라고 말할 수 있겠는가? 아니면 그렇게 말하기를 부끄러워하겠는가? 그런 유산은 영적인 귀족에게 남겨지는 게 아니라 모든 신실한 하나님의 자녀에게 전수될 수 있다.

어쩌면 당신은 더 젊을지 모르겠다. 당신도 하나님과 주 예수 그리스도 앞에 서도록 부르심을 받았다. 그분은 그의 나타나심과 그의 나라 앞에서 산 자와 죽은 자를 심판하실 것이다. 당신은 말씀을 설교하지는 않겠지만, 말씀을 듣고 순종한다. 신실하고 엄중하고 유망하고 유익한 사역에 대한 욕구가 전혀 없는 때와 장소에서 투쟁하며, 기쁠 때나 슬플 때나 당신의 거룩한 의무를 다 지킨다. 또한 당신의 자리에서

---

2) James Montgomery, "Forever with the Lord!"

모든 일을 주의 깊게 살피고, 시련을 견디고, 당신에게 주어진 사역을 하고, 당신의 소명을 완수한다.

그렇다면 당신은 어떤 종류의 제자인가? 어떤 종류의 듣고 행하는 자인가? 주 그리스도를 맹렬히 붙잡고 있는 현재, 당신의 간증은 무엇인가? 우리보다 앞서간 자들이 우리에게 유산을 남긴다. 우리는 어떻게 반응할 것인가?

"몰든 전투(The Battle of Maldon)"라는 옛 영시는 10세기에 바이킹 군대가 수차례 해안을 습격한 이후 에섹스 지역에 어떻게 상륙하려 했는지 기록한 미완성 시다. 적군을 마주한 앵글로 색슨 군대를 비오르트노스(Byrhtnoth) 백작이 이끌었는데, 바이킹들은 비오르트노스에게 한 가지 거래를 제안한다. 곧 돈을 주면 물러가겠다는 것이다. 백작은 그들을 경멸하며 타협안을 거절한다. 그것은 그 자체로 패배를 인정한 셈이 되기 때문이다. 결국 바이킹들은 군대를 모아 본토로 진입하고 그래서 비오르트노스의 군대는 전쟁에 직면한다. 처음에는 에섹스의 남자들이 침입자들을 공고히 잘 막아낸다. 하지만 종국에 비오르트노스는 독이 묻은 창에 찔려 죽고 만다. 이제 시험이 찾아온다. 누가 도망할 것인가, 그리고 누가 막을 것인가? 지도자들 중 일부는 도망하는데, 그중에 한 사람은 비오르트노스의 말을 타고 간다. 그것을 본 방어하는 자들이 동요하고 일부가 도망친다. 하지만 다른 이들은 남아서 끝까지 신실하게 군대를 결집시킨다. 그리고 마지막 한 사람까지 싸움을 계속해나간다. 그들의 주군 곁을 지키다가 마침내 그와 함께 죽는다.

이 시와 등장인물을 어떻게 해석하든, 저런 본보기는 강력한 도전이다. 바울과 같은 자가 넘어질 때 (안내와 지침을 주리라고 기대하는 대표적인 성도들이 넘어질 때) 우리는 기꺼이 설 것인가? 그들을 대신해서 계속해서 싸울 것인가? 슬프게도 싸움이 맹렬해질 때 도망하는 사람들이 많다. 그들의 도망은 다른 사람들을 동요시킨다. 우리가 그들 중 하나가 되지 않기를 기도하자. 계속해서 싸우고, 달려갈 길을 마치고, 믿음을 지키는 자가 되기를 기도하자.

틀림없이 그 길은 어렵고 길어 보인다. 그렇게 보이는 이유는 실제로 그런 길이기 때문이다. 하지만 주님은 우리에게 결코 거짓말을 하지 않으신다. 분명 면류관 앞에는 십자가가 있다. "성령이 친히 우리의 영과 더불어 우리가 하나님의 자녀인 것을 증언하시나니 자녀이면 또한 상속자 곧 하나님의 상속자요 그리스도와 함께 한 상속자니 우리가 그와 함께 영광을 받기 위하여 고난도 함께 받아야 할 것이니라"(롬 8:16-17). 그러나 하나님의 성도에게는 면류관이 있다. 그 면류관은 주 예수님을 신실하게 섬겨온 모든 신자에게 그분이 친히 나누어주시는 영광스런 상이다.

그래서 나는 다음 질문으로 글을 맺으려 한다. 당신은 이 길 위에 있는가? 당신은 예수님을 바라보고 구원을 얻은 자인가? 당신은 결코 끊어질 수 없도록 믿음으로 주 예수님과 연합되어 있는가? 당신은 측량할 수 없는 그리스도의 풍성함을 소유하게 되었는가? 당신은 모든 특권과 약속을 가진, 전능하신 하나님의 아들이 되었는가? 당신은 당신이 하나님의 자녀라는 달콤한 확신을 아는가? 당신은 당신의 주님께 속한 자로서 삶의 모든 영역에서 경건이 자라나는 흔적을 지니며 살고 사랑하고 있는가? 당신은 부르심을 받은 목적대로 하나님의 사람이 되기 위해 싸우고 있는가? 당신은 하나님께서 행하시는 일을 이루어가고 있는가? 당신의 인생을 돌아본다면 무엇과 같은가? 앞으로는 무엇과 같겠는가?

당신은 우리 주님이자 구주이신 예수 그리스도의 나타나심을 사모하기 시작했고 또 계속해서 사모하고 있는가? 당신은 그날의 빛 가운데 살아가고 있는가? 당신의 생명은 그리스도와 함께 하나님 안에 감추어져 모든 해로부터 안전한가? 당신의 삶은 주권자이신 주님을 사랑하고 섬기는 자들에게 나타나는 의로움을 분명하게 보여주는가?

만약 그렇지 않다면, 당신에게는 면류관도, 천국도, 그리스도와 함께 할 영광도 없다. 그리스도 안에 사는 자들은 그분의 나타나심을 사모한다. 그들은 그리스도와 함께 죽었고, 생명의 거듭남으로 다시 살아났다. 그들은 그리스도와 함께 고난당했고, 그분과 함께 영화롭게 될 영광스런 그날을 바란다. 그날, 의로우신 재판장께서 당신에게 면류관을 씌워주실까? 아니면 당신을 유죄로 판결하고 영원한 불꽃에 두실까?

그 첫걸음은 그리스도를 바라보고 구원을 얻는 것이다. 왜냐하면 그분이 하나님이시고 다른 이는 없기 때문이다. 이 길을 계속 가기 원한다면, 그리스도께 당신의 시선을 고정시키고 예수님을 당신의 믿음의 알파와 오메가로 의지하라. 이 길 끝까지 당신의 시선을 그리스도께 고정하고, 당신의 사랑하는 이로부터 받게 될 의의 면류관을 기다리면서 그 빛 가운데 살라. 그리스도께서 그분의 나타나심을 사모하는 모든 자에게 의의 면류관을 주실 것이다.

그렇다면 당신은 그 면류관으로 무엇을 할 것인가? 당신은 "보좌에 앉으사 세세토록 살아 계시는 이"에게 영광과 존귀와 감사가 돌려질 때 이십사 장로들처럼 할 것이다. 이십사 장로들은 "보좌에 앉으신 이 앞에 엎드려 세세토록 살아 계시는 이에게 경배하고 자기의 관을 보좌 앞에 드리며" 다음과 같이 말한다.

우리 주 하나님이여
영광과 존귀와 권능을 받으시는 것이 합당하오니
주께서 만물을 지으신지라
만물이 주의 뜻대로 있었고 또 지으심을 받았나이다(계 4:9-11).

그리고 찰스 웨슬리(Charles Wesley)처럼 노래할 것이다.

이제, 당신의 새 창조를 끝마치소서.
우리를 정결하고 흠이 없게 하소서.
우리로 당신 안에서 온전히 회복된,
영광에서 영광으로 변화된,

당신의 위대한 구원을 보게 하소서.

하늘에 우리 자리를 펼 때까지,

감탄과 사랑과 찬송에 잠긴 채

당신 앞에 우리의 면류관을 던질 때까지.[3]

이것이 그리스도 안에서의 삶의 마지막이다. 그리고 그것은 또 다른 놀라운 의미에서 가장 영광스런 시작이기도 하다.

---

[3] Charles Wesley, "Love Divine, All Loves Excelling."

더 깊은 묵상을 위한 질문

1. 바울의 표현은 그리스도인의 삶이 그리스도와의 관계 면에서 갖는 제물로서의 본질을 우리가 이해하도록 어떻게 돕는가?

2. 바울의 긴 인생 여정의 윤곽선 위에 펄럭이는 삼색기를 요약하라.

3. 바울이 고대하는 상급을 설명하라. 무엇이 그것을 그토록 소중하게 만드는가? 그것이 당신에게도 소중해 보이는가? 그 이유는 무엇인가?

4. 의의 면류관은 누구에게 약속되었는가? 그리스도의 나타나심을 사모하는 것과 이 면류관을 받는 것과는 무슨 상관이 있는가?

5. 당신의 인생에 대한 정직한 회고는 무엇이 되리라고 생각하는가?

6. 당신의 나이와 그리스도인으로서의 성숙도를 고려할 때, 당신은 바울의 본보기에 어떻게 반응해야 하는가?

7. 당신의 삶을 마칠 때 바울의 삶을 더욱 닮으려면, 지금 당신은 무엇을 바꾸어야 하는가?

사명선언문

너희가 흠이 없고 순전하여……세상에서 그들 가운데 빛들로
나타내며 생명의 말씀을 밝혀 _ 빌 2:15-16

1. 생명을 담겠습니다
만드는 책에 주님 주신 생명을 담겠습니다.
그 책으로 복음을 선포하겠습니다.

2. 말씀을 밝히겠습니다
생명의 근본은 말씀입니다.
말씀을 밝혀 성도와 교회의 성장을 돕겠습니다.

3. 빛이 되겠습니다
시대와 영혼의 어두움을 밝혀 주님 앞으로 이끄는
빛이 되는 책을 만들겠습니다.

4. 순전히 행하겠습니다
책을 만들고 전하는 일과 경영하는 일에 부끄러움이 없는
정직함으로 행하겠습니다.

5. 끝까지 전파하겠습니다
모든 사람에게, 땅 끝까지, 주님 오시는 그날까지
복음을 전하는 사명을 다하겠습니다.

서점 안내

광화문점	서울시 종로구 새문안로 69 구세군회관 1층 02)737-2288 / 02)737-4623(F)
강남점	서울시 서초구 신반포로 177 반포쇼핑타운 3동 2층 02)595-1211 / 02)595-3549(F)
구로점	서울시 동작구 시흥대로 602, 3층 302호 02)858-8744 / 02)838-0653(F)
노원점	서울시 노원구 동일로 1366 삼봉빌딩 지하 1층 02)938-7979 / 02)3391-6169(F)
일산점	경기도 고양시 일산서구 중앙로 1391 레이크타운 지하 1층 031)916-8787 / 031)916-8788(F)
의정부점	경기도 의정부시 청사로47번길 12 성산타워 3층 031)845-0600 / 031)852-6930(F)
인터넷서점	www.lifebook.co.kr